微信完全
使用手册

无“微”不至

微信这样改变世界

微信改变生活、创造商业价值的秘密

孔　斌◎编著

中国长安出版社

图书在版编目（CIP）数据

无“微”不至：微信这样改变世界 / 孔斌编著．—
北京：中国长安出版社，2014.6

ISBN 978-7-5107-0736-0

Ⅰ．①无… Ⅱ．①孔… Ⅲ．①网络营销 Ⅳ．①F713.36

中国版本图书馆 CIP 数据核字（2014）第 141102 号

无“微”不至：微信这样改变世界

孔斌 编著

出版：中国长安出版社

社址：北京市东城区北池子大街 14 号（100006）

网址：http://www.ccapress.com

邮箱：capress@163.com

发行：中国长安出版社 全国新华书店

电话：（010）85099947 85099948

印刷：北京普瑞德印刷厂

开本：710mm × 1000mm 1/16

印张：14

字数：145 千字

版本：2014 年 8 月第 1 版 2014 年 8 月第 1 次印刷

书号：978-7-5107-0736-0

定价：29.80 元

/前　言/

作为一种全新的社交工具，“微信”早已凭借自身强悍的功能占据了我们生活的每一个角落。微信的创始人张小龙曾说：“在PC时代，由于中国互联网的用户使用率及市场成熟度等均低于发达国家，在产品创新上难有引领之举。而移动互联网是一个重新开始的机会。”微信虽然不是最先进的应用软件，却抓住了移动互联网这个机会，成为如今最具影响力的科技产品。

移动互联网时代能给我们带来这样的好处：人们的地域感基本消失，没有生活空间与工作空间的限制，世界各地的人们可以随时随地进行交流，获得相同的信息。当然，它带来的坏处是：沟通的便捷导致工作时间被无限延长，生活与工作的界限越来越不清晰。手机已经成为你的世界、你的器官和你的思维方式，借助手机你才能有效地生活，而微信更加强了这种趋势。

拿起手机，开玩“微信”。你能以最快的速度、多样的方式使朋友看到你生活中的每个精彩瞬间。微信不但为你节省了话费，而且它的强大功能使你无论走到哪里都能群聊或者对讲。不仅如此，它更受到了广大商家的普遍欢迎。由于微信在网络营销方面的应用价值正被商家们发现和运用，他们从中挖到了宝藏、尝到了甜头，所以他们对微信的发展前景充满了信心。这个平台不受距离的限制，用户可以订阅自己需要的信息，商家通过给用户提供信息，以点对点的方式推广自己的商品，这就是微信营销。

说到这里，相信有很多创业者跃跃欲试了，他们更是把自己的梦想寄托在了这个全新的微信平台上，然而“微信”并非是一件天下无敌的“赚钱神器”。如今，在网络、报端，研究微信应用的文章随处可见，但真正有实用价值的内容、你能学到的有效赚钱方法并不多，有些甚至是靠忽悠你去参加微信营销培训牟取暴利……所以，千万不要被它们引入歧途。面对微信，你需要保持冷静的头脑并心怀淡定，更理性地认识和使用这种全新的沟通工具。

本书以“微信”为主要研究对象，详细介绍微信的诞生与成长、基本功能、使用方法、成功案例以及发展趋势，深度剖析“微信力”，即微信创造财富的能力；还从微信营销的角度，详细介绍了微信的营销模式、营销方法和营销误区，并从企业和个人两个不同的角度出发，提出了打造“微信力”的不同方法和禁忌，使所有人都能在这个飞速发展的微信时代创造属于自己的价值。作为一本介绍和研究微信的书，相信每个人都能从中找到自己感兴趣的内容。

当电脑替代书写时，现代人已经常常提笔忘字；当“生活的手机化”潮流席卷而来时，我们能否拥抱移动互联网时代的微信生活，或许还是个挑战。但无论怎样，目前可以肯定的是，微信的发展正如马化腾的激情演说所讲：“移动互联网已经是大势所趋，所有的产业上下游、所有的从业者都应该勇敢地去拥抱这个变化。”

目 录

第1章

微信风靡，无“微”不至

微信是一种全新的沟通方式，出现在智能手机上的以微信为代表的新型通信软件正风靡世界，成为年轻人的通信新宠。现在，如果在大街小巷有人拿着手机不停地摇晃，或者有人把手机当作对讲机来使用，你却全然不知道他们在干什么，那你就真的有点儿out了。

移动互联网，掌控未来世界

随着移动互联网时代的到来和智能化手机的普及，传统的交友方式已被微信彻底颠覆。2012 年，腾讯 CEO（首席执行官）马化腾透露了这样一个信息：“腾讯正在将开放战略推向移动互联网。”

在我们正式跨入微信时代之前，人们只能通过朋友的引荐、聚会联谊扩大朋友圈，既耗时又耗力。随着互联网的普及，QQ、飞信、微博、博客等逐渐兴起，拓宽了人们的交际范围，但微信一对一、私密沟通的特征，起源于熟人社交，随后又恰到好处地引入陌生人社交，完整地保留了用户对微信工具的信任，再搭配以丰富多彩的沟通方式（音频、视频、文字），通过最快最便捷的方式使陌生变得亲近。

如今的“微信”，既是腾讯最成功的移动互联网应用，又是互联网历史上增长最快的一种新软件。如果说 QQ 和 QQ 空间是腾讯 PC (personal computer，简称个人计算机）端的大数据开放平台，那么“微信”就是腾讯移动端的一个大数据开放平台。

2012 年 8 月，微信团队宣布说：“微信用户数已经突破了 2 亿。”此时中国智能机的用户达 2.9 亿，这意味着微信已经覆盖了近 70% 的用户。微信的迅速风靡引来了很多业内人士的羡慕，但他们更关注微信的未来——是打造成一个精准营销的媒体平台，还是成为一个闭环的电商平台，抑或是二者兼有呢?

微信虽然能提供一个开放的平台，但是那些接口都仅仅是浅层的开放，不能真正满足第三方开发者的需要，价值不高。但马化腾明确表示：将逐步测试开放 QQ 的关系链，有可能是微信的关系链。对于这样的举措，很多人还是充满期待的。

我们在 PC 互联网上可以获得很多大数据，但在移动互联网上能获得哪些大数据呢？

每个人都可能有不同的终端，比如智能手机、Pad（掌上电脑），以及各种移动终端。如果将这些终端接入互联网，终端上的信息就会变得多样化，有文本、图片，有语音、视频，或者是结构、非结构……各种信息的使用频率都会大大提高。虽然在 PC 互联网上的数据量远远大于移动互联网，但移动互联网的数据会更完整、更生动，能动态地描绘一个互联网用户的生活轨迹。也就是说，通过移动互联网，我们能知道：你生活的每个细节，是在看书，还是去哪里玩过，因为你一直是 online（在线）状态。

微信作为腾讯在移动领域的杀手锏，它的用户无时无刻不在产生新的文本、图片、视频和地理位置等各种非结构信息。回想一下，微信诞生之后我们的生活发生的很多变化：当工作繁忙时，你可能整整一天都不会打开“微博”、“飞信”，却会将一个小时的工作间隙花在微信上，或者用微信和朋友语聊一会儿，联络联络感情，或者刷刷“朋友圈”看看分享的好东东，或者跑到微信群里看大家正在热聊的新话题……不能否认的是，现在的每个微信用户都会做这些事情，只是因为兴趣爱好不同看到了不同的内容罢了。

2013 年 1 月 15 日，腾讯微信团队在微博上宣布微信用户数突破 3 亿。2013 年 8 月 5 日，微信 5.0 For ios 上线，添加了表情商店和游戏中心，扫一扫功能全新升级，可以扫街景、扫条码、扫二维码、扫单词翻译、扫封面，同年 8 月 9 日，微信 5.0 Android 上线。2013 年 8 月 15 日，微信海外版（We Chat）注册用户突破 1 亿，一个月内新增 3000 万名用户。2013 年 10 月 24 日，腾讯微信的用户数量已经超过了6亿，每日活跃用户1亿。

有资料显示，截至2012年6月，腾讯开放平台的分成已经超过了10亿元。按照最高的分成比例35%进行估算，至少有30多亿元的利润，而且这仅仅是线上的收入。当微信数据加入后，必然会直接开启O2O（Online To Offline，即将互联网与线下商务机会结合起来）通道，营业收入可能会迅速翻十几番。

如何开采这个巨大的金矿呢？可以从以下几个方面入手。

1. 做好关系链管理

不能否认，微信通讯录在某种程度上可以说是我们的手机通讯录。里面不仅有家人、朋友、同事、客户等各种社会关系，还有微信群和公众账号等，聪明的开发者一定会做好它们的管理、搜索和分享。

2. 做好客户关系管理

虽说微信公众平台推出后，业界对其褒贬不一，用户的接受程度也不高，但并不影响微信作为小商家的初级CRM（Customer Relationship Management，即客户关系管理）来使用。比如，淘宝时装网店的老板，可以用微信加一些老客户，如果有新款服装到货，他就可以在"朋友圈"里进行发布，甚至可以在微信上进行售前售后的服务。如果开发者能提供一些延伸服务，打通线上支付通道，就可以形成一个完整的圆环了。

3. 做好线下数据分析和商业决策指导

如今为品牌商家做数据分析的企业绝大多数是通过微博等社会化媒体来进行的。有了微信用户数据后，不仅能满足这种功能，而且可以影响商家的经营决策。比如，A店主要销售煎饼，B店主要销售豆浆，而且两家店互不来往、各自经营。有了微信数据以后，A店就会知道来买煎饼的人通常也会去B店买豆浆，而且人数很多，频率很高。这样A店就可以也搭配卖豆浆，或者直接收购B店。

4. 以用户行为分析的精准推荐为基础

垃圾短信每天都会出现在我们的生活中。其实，那些信息本来是有价值的，只是收到短信的人并不需要这些信息，所以就成了所谓的“垃圾”。现在，只要对微信用户行为数据进行分析后，就可以实现给需要信息的人发送需要的信息，这样就不会产生垃圾短信了。

马化腾的“微信梦”

腾讯董事会主席兼 CEO 马化腾

在移动互联领域奋战的任何一位企业家，都希望自己能够发现那些用户没有得到满足的需求，因为产品是为需求服务的，有需求才能满足用户。用户的需求有的是现实中已经存在的，有的是创造出来的。风靡中国的“微信”就源于对用户需求的把握。

2013 年 5 月，在全球移动互联网大会上腾讯董事会主席兼 CEO 马化腾谈到了微信、手机 QQ 等主要产品的产品逻辑和相互关系，并详细阐述了腾讯在移动互联网问题上的态度。

腾讯拿到的是“站台票”

人们一直认为微信是腾讯的“移动互联网船票”，但是马化腾本人并不完全认同这个说法。他表示，腾讯现在拿到的只是移动互联网的“站台票”，腾讯能否顺利上船还是个未知数，最后公司是部分上船还是整体上船都不能确定。此外，许多互联网公司都希望登上移动互联网这艘船，竞争是这个过程中的不确定因素。

马化腾认为，移动互联网使国内的互联网公司第一次与国外的科技公司站在了同一条起跑线上，但这个行业大潮的风险在于，任何一家企业可能仅仅因为一个月的松懈，就面临翻船的风险。

关于腾讯应对移动互联网的具体反应，马化腾如此描述道：“移动互联网这个浪潮已经不是一个部门做一个产品那么简单，必须是所有部门的所有产品都要有PC版和移动版，要全面拥抱移动互联网。”

微信的开放平台逻辑

毫无疑问，微信是腾讯在移动互联网时代最有可能实现公司平台目标的一个应用。目前，微信的公众平台可以为一般组织机构和个人用户提供信息的推送服务，而开放平台也给应用开发者提供了接入微信的最好接口。马化腾表示，微信的平台策略是希望搭建起一个简单的规则体系，使第三方参与进来并在这个规则下产生服务内容。

在微信上的游戏业务方面，关于微信游戏平台的传闻引起了游戏开发商们的特殊关注。此前在接受采访时，马化腾明确表示，腾讯正在研发微信平台上的游戏。因为腾讯掌握了国内互联网庞大的用户资源，所以这种表态不免令其他游戏开发商非常担忧。触控科技CEO陈昊芝曾公开表示，腾讯未来在手机游戏市场至少会占据三分之一的用户。

马化腾对此表态说，第三方游戏开发商不必担心微信在游戏业务上的举动，因为微信会将游戏做成开放平台，接着会引入很多合作伙伴。而根据QQ空间在游戏平台上的经验，开放平台中最热门的游戏往往来自第三方而非腾讯自身。

在微信的商业化问题上，马化腾表示移动社交游戏可能是微信商业化的最大突破点。此外，与O2O企业、商家和个人用户的合作也是未来微信商业化的重点。

用户跑不出的闭环

相对于现存的包括QQ在内的众多沟通方式来说，微信实际上是一种补充。马化腾强调了移动互联网的新机会："基于手机QQ和微信，我们做了大量的跟LBS（Location Based Service，基于位置的服务）有关的服务，目前我们的接口数字已经增长到每天对LBS的调用高达7亿次，这是非常惊人的数字。其次，二维码将是腾讯整合线上和线下业务的关键入口。"微信团队这样形容自己和QQ的关系："创新和极致的用户体验是微信的核心竞争力，比如语音对讲功能，LBS、摇一摇、漂流瓶等功能，充分发挥了移动设备的特点，带来了全新的'弹性社交'概念，使社交变得更自由、更简单。"腾讯先用QQ建立社交关系，再用微信盘活隐藏在线下的消费，但进入线下领域就意味着腾讯今后需要在商户—用户—产品三者之间权衡博弈。

马化腾在互联网大会上阐释了微信今后在O2O的方向。腾讯电商生活服务电商部总经理戴志康紧接在财付通沟通会上发表演讲，阐述了"二维码+账号体系+LBS+支付+关系链"将给线下商家带来的变化。互联网观察人士程苓峰也公开表示"大众点评终于有了颤抖的理由"，但是腾讯提到微信目前还没有盈利模式。

微信正在大手笔地推进公众平台却是事实，从社交化网络到社交化媒体的加速前进，以及接下来携财付通信心十足地进军线下打通闭环，这样的规划不可说不是长远的。

在接受媒体采访时，戴志康曾透露，腾讯目前正在大力发展"微信会员卡"，在SNS（全称Social Network Site，即社交网站）服务中实现O2O模式。在线上商户花钱打广告推出优惠券，优惠券的使用条件是到店用微信扫描二维码成为微信会员卡的会员。

腾讯希望达到第三方开发者在平台上的共赢点的诉求，微信是提供给所有人的高速公路，第三方是高速公路上的货车，微信不会提供所有内容，这些都必须由第三方来提供。腾讯的内部人士认为，尽管微信与手机 QQ 脱胎于不同的腾讯部门，存在一定程度的 QQ 用户叠加覆盖，但腾讯真正具有威胁的原因是其社交矩阵，“无论用户怎么跑，都在腾讯的生态链之内”。

“微信”的诞生与成长

微信被冠以迄今为止增速最快的即时通信类产品，这一称号当之无愧。2012 年 9 月 17 日凌晨零点 34 分，马化腾在微博中转发了微信团队发布的消息：“终于，2 亿！”而就在之前的 3 月份，微信刚刚实现了用户数突破 1 亿的目标。如果按时间计算，微信还只是一个刚满 20 个月大的“婴儿”。

事件回溯至 2010 年 10 月，微信团队负责人张小龙看到了 Kik（一款可以与手机中同样安装了 Kik 的好友免费发消息的跨平台的应用软件）这类应用呈现崛起之势，立刻给腾讯高层寄出一封邮件，主要内容是建议公司启动一个关于手机通讯工具类的项目，同时提及这类工具将来有可能会对 QQ 造成冲击。马化腾很快回复了那封邮件，认同了张小龙的看法，并表示公司很早就有类似的想法，移动互联网是公司未来的重点关注领域。就在当时，马化腾甚至直接在邮件中明确指出腾讯准备做的这款产品就取名为“微信”。

微信标志

最初的微信功能比较单一，但随着 LBS、摇一摇、朋友圈等功能的推出，凭借着创新的功能以及对用户体验的精准把握和深刻理解，微信获得了用户和行业的良好评价。互联网观察人士程苓峰则认为，微信意味着腾讯社交帝国的另一个底座正在成形。

因创作恶搞《西游记》、《红楼梦》等桥段而走红网络的新浪知名微博"琢磨先生"也加入了微信粉丝团。与微博上的搞怪、讽刺风格不同，他在微信上走的却是温情路线，给粉丝们讲段子、推荐书籍。在微信上，你能看到"琢磨先生"的读书心得、生活感悟和电影推荐等。"琢磨先生"表示，微博有媒体属性，而微信则有社交属性，"微博像个广告位，你来不来反正我就在这里；微信传播则更像个稳定的邮递员，你来不来反正我一定要去你家。"微信由于是点对点的传播，双向互动，再加上微信公众平台的智能自动回复，用户关系能更平等，不会像微博那样产生地位的落差感。

微信平台的发展方向是"开放平台+产业链闭环"。微信已向第三方开放了数据接口，第三方本地生活服务应用为微信在商务领域的发展提供了可能，而企业、媒体、明星公众账号的引入丰富了微信的资讯服务。这些第三方的应用大大增加了微信用户的黏性，也使微信成为用户手机平台级的产品。

正如马化腾所说，在今天的移动互联网时代，将进一步推广开放平台战略。"我们希望其他的App（英文Application的简称，由于iPhone智能手机的流行，现在的App多指智能手机的第三方应用程序），包括竞争对手的App也好，都可以和微信做整合，我们开放深层的接口。也包括最近推出的微信沟通账号平台，让更多的中小企业，甚至个人用户，能够享受微信整个通信的技术架构和社交能力。"

随势而动的微信

不断满足用户的需求是产业发展的原动力。目前微信已经覆盖三大主流移动终端的操作平台 Ios、Android、Symbian 平台。腾讯期待通过微信给广大互联网用户搭建一个基于多媒体格式的互动平台。用户可以借助网络实现以手机为载体的畅通对讲，不仅能够与朋友分享好玩的图片、文字短信，还可以体验到类似“留声机”的对讲通话的新玩法，引领现代社交和沟通模式的新革命。

对原生的移动应用而言，产品辨识度的概念很重要。用户都是在碎片时间里使用移动应用，而且目的性非常明确，如果产品定位不清晰，就很容易错过用户的使用场景。不论是从商业逻辑还是线下扩张的可行性看，说必胜都还太早。但站在从业者的角度，巨头微信的介入无疑加速了行业整合和线下闭环的形成与发展，当然也提高了行业的进入壁垒。最终，微信能否像大众传说的一样打通线上线下、联通产业链闭环还是个未知数，但目前可以肯定的是，微信的发展正如马化腾在互联网大会上的激情演说：“移动互联网已经是大势所趋，所有的产业上下游、所有的从业者都应该勇敢地去拥抱这个变化。”

走近"微信之父"张小龙

2014年1月24日晚，由中国科学报社、中国科协科普部、中国科技新闻学会等主办的"2013中国科学年度新闻人物"推选活动正式揭晓。

作为10位获奖者之一的张小龙，评委会给出了这样的评语："17年前，Foxmail在他手中诞生，造福了400万邮箱用户；6年前，他带领团队锐意创新，以七星级的产品追求重塑了QQ邮箱，使这一产品起死回生；3年前，他成功开发微信这一划时代的产品，开创了中国移动互联网市场；2013年，他继续完善微信，微信支付风生水起，亿级用户遍布世界。崇尚技术的他是天生的完美主义，产品不断更新迭代，用户体验一次次接近极致。他把一款互联网产品打造得老少咸宜。他信奉简单就是美，他崇尚颠覆性思维。他，就

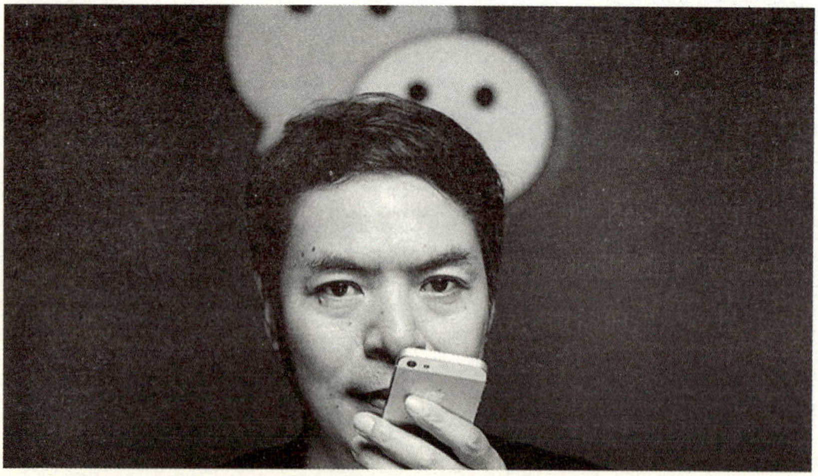

"微信之父"张小龙

是微信开发者、腾讯公司高级副总裁张小龙。”

张小龙，毕业于华中科技大学电信系，分获学士、硕士学位，曾开发国产电子邮件客户端——Foxmail，加盟腾讯公司后开发腾讯微信，被誉为“微信之父”，被《华尔街日报》评为“2012中国创新人物”。他主要负责腾讯公司广州研发部的管理工作，同时参与腾讯公司重大创新项目的管理和评审工作。

张小龙说：“人是越来越懒的，懒会推动科技进步，这种懒会导致我们希望沟通更简单一点。”也许未来的微信没有他的希望那么“神”，但我们愿意相信对工作极度偏执的张小龙，会让微信沟通变得简单一点，再简单一点……

与腾讯的发展经历一样，微信是在骂声中快速成长的——虽然既非原创，又不具备首发优势，但在不到3年的时间里，微信已经远远超越了对手，拥有超过6亿的微信用户。就在不久前，腾讯给出的国内外微信月活跃用户数已达到2.719亿。微信的风靡可以说是无“微”不至，除了有腾讯源源不断的后备支援外，还有一点绝不能少的就是“微信之父”对细节近乎偏执的追求。

肉眼就能看出像素级差别

在中国，互动科技最早于2010年11月7日推出“个信”；一个月后，小米科技推出了“米聊”。而腾讯的微信则姗姗来迟，正式立项是在2010年11月18日，次年1月才正式推出。熟悉张小龙的一位业内人士回忆说：“当时张小龙对微信并不满意。”

但微信的发展速度远超微信团队自己的预期，也超过了外人的想象。在11个月后，微信的用户数已达5000万，数倍于其他先行者和竞争对手。

在那段时间，为了给微信造势，腾讯QQ所有的主打产品都在显眼的位置上对微信进行推送。一位业内人士评价说：“这些造势过程，张小龙起到的作用和做出的努力是不言而喻的，腾讯庞大的用户量给微信的支持不可小视，但更重要的是微信是一款好产品。"

张小龙说："任何一个功能或产品都可以找到类似的祖先，这正是人类知识传递的方式，如何把以前的知识或前人的积累恰当地应用到当前的社会环境中，做出满足当前需要的产品，这才是一种创新的能力。那种仿造别人产品的简单拷贝，是很难做成功的。"

事实上，大到一个功能的按钮应该放在左边还是右边，小到图像的像素，都是令张小龙非常纠结的问题。他甚至能看出，微信 3.1 与 3.0 的会话列表每一行的高度少了两个像素。直到最后，很多工程师因为工作的辛苦，在广州研发部的办公大楼里贴满了漫画，上面画着一个泪流满面的人，下面写着一句话："不要再改了。"

比别人考虑得更远、更具体

今天的张小龙被称为"中国的乔布斯"，但在成名前，他其实并没有乔布斯那样传奇的人生——1994 年因为开发了 Foxmail，他在 IT 界颇有名气。各种版本在互联网上发布后，他每天都能收到上百封邮件，并一一进行回复，十足的"宅男"风度。

但实际上喜欢抽箭牌香烟的张小龙并不"宅"，他兴趣广泛，精通各种球类，而且考虑问题比别人更长远。就像下围棋一样，他会把问题考虑得非常具体，微信和其他产品的差异化，整个局都已经布起来了。只是，他一直很纠结这一点，就是他脑子里有 100 件事，不知道做哪一件好，于是和 30 多个产品经理聊天，一直聊到次日凌晨。起初只是要求他们不断修改图纸，到后来图纸已经不能满足他了，他要求工程师们直接做出成品，装在手机上面把玩，再提出具体的修改意见。

在 2011 年，微信一共发布了 45 个不同终端的版本，平均 1.15

周发布一个。对讲机、摇一摇、漂流瓶都是在那一年被打磨出来的。在8个月后，微信在和米聊的竞争中大获全胜。自2009年8月上线以来，微博成为新浪最具想象力的新业务平台。即使是有QQ平台作为依托的腾讯微博，亦难与其比肩。2012年9月，微信的用户数量还不及新浪微博的一半。2013年1月微信用户刚突破3亿，但月活跃用户已经超过1.9亿，赶超新浪微博。

与此同时，微信5.0版本加入了支付功能，而每日不断攀升的用户活跃度使微信在短时间内变成一个巨大的移动支付入口，就连IT界巨头阿里也感受到了前所未有的威胁。

展望未来

2013年4月底微信用户破4亿时，张小龙表现得非常平静，产品经理从他办公室出来，轻轻地说了一句，“用户破4亿了”。员工们欢呼了一阵就又低头工作了。

微信的名气越来越大，但张小龙表现得更低调了，有媒体甚至说今天的他已经“低到尘埃里”。各路记者找公关、托朋友，甚至蹲点其办公室仍不可见到他；有人想给他颁奖，只请他出现在现场，哪怕只有几分钟，也被婉拒了。张小龙的回答始终是：我不需要，我不需要华彩的生活。正如他的衣着打扮，灰黑色系永远是他的主打。

也许那个坐在电脑前一篇篇回复邮件的张小龙，那个在滨江东路上能随意“摇一摇”摇到的张小龙再也不会出现了，因为他还有更多的“硬仗”要去打。商业社会是动态的，没有谁说它垄断了就一直可以垄断下去，它大了就可以一直大下去，总会有新东西冒出来取代它。张小龙了解商业社会的残酷，更享受这种残酷所带来的挑战，“这种业态挺好”。

跨入免费国际沟通的微信时代

微信是一种全新的沟通方式，出现在智能手机上的以微信为代表的新型通信软件正风靡世界，成为年轻人的通信新宠。现在，如果在大街小巷有人拿着手机不停地摇晃，或者有人把手机当作对讲机来使用，你却全然不知道他们在干什么，那你就真的有点儿 out 了。

微信是腾讯推出的类 Kik 的免费即时通讯服务的应用程序，用户可以通过微信与好友进行文字或图片消息的传送。2011 年 1 月 21 日，微信正式推出，微信具有零资费、跨平台、拍照发给好友、发手机图片、移动即时通信等功能，还可以显示对方的实时打字状态，以实时掌握对方的响应情况 。

1. 免费的国际沟通

微信已经成为王薇生活中不可或缺的重要内容。她是一个在温哥华的中国留学生，经常使用微信与家人联络，因为不用花费高昂的通信费，微信就成为她的首选。每当想念远隔千山万水的丈夫和孩子时，她就拿起手机录几句最想对爱人和孩子说的话，或者拍下精彩的生活瞬间，或者录制一个学习生活片段，让他们随时随地能看到自己的生活状态。自从有了微信，王薇和丈夫、孩子之间架起了一部远程即时对讲机，他们可以像使用对讲机一样你一言我一语地进行沟通。微信能轻而易举地使人们进行免费的国际沟通，在亲人、朋友之间传递着各种浓情蜜意的信息。

或许有人会问：如此便捷的服务，是否需要花费高昂的国际漫游费呢？但实际上微信并不需要太高的花费，只要在有网络的地方就能使用微信。

2. 人工导航

如今，这种具有语音传送功能的新型即时通信产品已经成为都市白领和大学生们的新宠。由于通信费是免费的，微信很快拥有了一批自己的用户。

赵先生是上海人，在一家 IT 公司工作。他早早就加入了使用微信的行列，深深体会到微信带来的各种便利。五一劳动节期间，赵先生和几个朋友相约一起自驾游，在去杭州旅行的途中，他们组建了一个微信群进行“人工导航”。他们这样做的目的不只是为了省钱，而是一个人说应该怎么走，不同车上的人就都能听到了，省去了挨个打电话的麻烦。

3. 同类型产品

微信有很多同类型产品，主要是飞聊、米聊、翼聊、沃友等。

（1）飞聊是中国移动的产品，不仅可以免除上网流量费，而且能提供快速文本、文件传输和名片扫描等功能。

（2）米聊是小米科技的产品，用户不仅可以进行手写、涂鸦，而且能够发送相关的图文。

（3）翼聊是由中国电信推出的，不仅能通过网络快速推送免费语音短信、手写涂鸦、视频、图片和文字，还支持多人群聊，同时还为用户提供短信、电话会议、语音通话等多种通信服务。

（4）沃友是由中国联通子公司联通宽带在线有限公司负责运营，是一款面向互联网和手机用户，跨运营商、跨平台的即时通信软件。

4. 教你玩转微信

微信有很多种玩法，这里简单为大家介绍几种：

（1）语音祝福。逢年过节，人们都要互相问候，送去祝福。如果是群发的短信就显得没有诚意了，一一发送又非常麻烦。此时你可以使用语音发送功能，把自己的祝福语直接录下来发送给对方，这样省时省力。

（2）旅途解闷。当坐在长途列车上你觉得百无聊赖的时候，总想找人聊聊天。此时你可以打开微信，使用"查找附近的人"的功能，找到同一列车上正开着微信的人，用微信同对方打个招呼聊聊天。

（3）新生群聊。新报道的大学生可以建立一个微信群聊号，寻找同乡校友，从而帮助自己尽早了解熟悉大学生活的情况，做好充分的心理准备，更好地融入校园生活。

（4）聚会群加。参加聚会结交了新朋友的时候，很多人都要交换彼此的名片，但这样既麻烦又容易丢失。现在，只要大家一起摇摇手机，当时只要微信在线的人就会立刻出现在每个人的好友列表里。

（5）寻找拼伞的人。如果你恰在下班时遇到了倾盆大雨，但自己借不到伞，你可以打开微信，通过"查找附近的人"撒开大网群发一条消息，就可以找到能送你到家的拼伞对象了。

（6）手机防盗。当警察找到了被盗的手机后，可以通过微信上的存储账号加入机主的微信，就能很快与机主取得联系，从而快速地物归原主了。

（7）单位考勤。当经理需要考勤时，他可以打开"查看附近的人"，就能确定员工是否来公司上班了。

（8）亲人面聊。当你很久没见父母时，可以用微信里的视频传输功能，方便地把父母的画面传给自己，这样操作起来非常简单。

微信，米聊的劲敌

面对腾讯的步步紧逼，小米手机在市场上取得了初步的胜利后，小米科技CEO雷军开始关注小米“铁人三项”之一——米聊。雷军在米聊上采取的行动很多，比如收购MSN Lite（一款聊天软件）团队、布局米聊PC客户端、与腾讯微信开始直接竞争……他与马化腾之间的关系也变得更加微妙。

小米科技CEO雷军

微信只是移动产品的一个补充

2012年8月8日，小米正式对外宣布收购MSN Lite团队。小米联合创始人黄江吉表示，MSN Lite团队加入米聊后，会将重点放在研发米聊PC客户端上。到时，米聊将实现手机客户端与PC客户端的信息交流，米聊用户之间的交流也会更方便。

此前，市场对小米关注最多的是小米手机，而对米聊产品的介绍并不多。在小米内部，米聊产品与小米手机、MIUI手机操作系统被称为小米的“铁人三项”，是雷军软件、硬件和移动互联网三合一战略的载体。如果没有米聊，小米也就不叫移动互联网公司了，直接叫手机公司就行了。米聊PC客户端更多的是手机端的辅助，这就为客户提供了方便。

用户接触互联网服务的终端形式是多种多样的，只有不断完善服务内容才能拥有更多的客户。由于竞争对手具有明显的优势，小米不太可能在桌面另做一个即时通信软件。桌面产品的推出更多的是移动产品的补充，主要是用来完善用户体验的。事实证明，这种完善是必要的。

雷军与马化腾之间的纠葛

就在小米宣布收购MSN Lite团队之前，为了用互联网的方式做产品，2012年8月2日，小米成立了小米IM（即时通讯）实验室。在市场上，很多人都认为，雷军想通过米聊在IM市场实现自己的更大"野心"。小米联合创始人副总裁黄江吉明确表示，经过一年多的内功修炼，2012年将是米聊发力的一年。

然而想在IM市场有所作为，雷军要面对的最强劲对手是：马化腾率领的腾讯军团。腾讯公司公布的截至2012年3月31日第一季度财报显示，QQ服务活跃账户数已经达到7.519亿，环比增长4.3%，同比增长11.5%。其中，最高同时在线的账户数高达1.674亿，环比增长9.6%，同比增长22.0%。就连米聊面对的直接对手——腾讯微信，其用户数也已经过亿。市场观点预计，2012年微信的用户数将稳超2亿。

实际上，小米和这些竞争对手的差距主要是用户基础，特别是即时通信领域。刚性的沟通交流需求决定了用户对产业存在黏性，但在技术和产品体验持平的情况下，拥有用户基础的产品必然会存在明显的优势，这就意味着在厂商手中拥有能够降低用户沟通交流成本的现成的社交关系。

其实，雷军与马化腾之争不仅在米聊与微信为主的IM方面，在移动互联的核心产品之一——手机浏览方面也存在竞争，这主要表现为雷军作为天使投资的UC优视（中国领先的移动互联网软件技术及应用服务提供商）与QQ浏览器之争。

有趣的是，在雷军对马化腾发起竞争的时候，与腾讯在金山软件上则是利益共同体，因此这一复杂的利益纠葛让雷军与马化腾既是敌人又是朋友。

习惯性地抢“场子”

很多投资人都认为，移动即时通信领域的战争已经接近尾声，就连小米的米聊都已经被腾讯的微信远远地落在了后面，更何况是白手起家的新项目。

素来不热衷于“早起”的腾讯，居然也出来“抢场子”。在2011年8月，微信添加了“查看附近的人”这一陌生人交友功能，用户数第一次出现爆发式增长。有资料显示，当时的微信用户达到了1500万，3倍于当时的米聊。腾讯从加入战局到战争结束，只花了半年的时间，而且这个差距还在不断扩大。据统计，2012年一季度，移动IM注册用户的市场份额中，微信占了15.2%，米聊仅为1.8%，显而易见的是两者已经不在一个数量级上了。

其实，在这个领域里出现一家独大也是必然的，互联网的大多数产品都具有垄断性，用户并不需要两个微信。微信崛起之后，其他同类产品的生存空间将会受到挤压，除非是与微信完全差异化定位的产品。

比如："陌陌"。虽然微信具有“查找附近的人”这个陌生人交友功能，但是“陌陌”只专注于这个功能。换句话说，用户登录“陌陌”的心态和登录微信是不同的，在“陌陌”上找到愿意交友的陌生人的概率要大得多。“陌陌”之所以能生存下来，主要是因为它和微信不构成竞争。微信的目标是成为所有智能手机的标配，甚至是移动互联网的入口；而“陌陌”只不过想满足一部分用户的细分需求罢了。

腾讯成为“第四大运营商”

腾讯在即时通信的战场上击败了所有来自互联网的对手，但是将微信当作对手的绝不只是马化腾的互联网同行们。

微信的 4.2 版本一亮相，就进行了大范围的功能宣传。在这个版本中，腾讯加入了视频通话的功能，这个举动令三大运营商感到了不小的压力。在此之前，微信能够实现的语音功能还不是同步的，与电话通话功能存在较大的区别。视频语音的功能在非 Wi-Fi（Wireless-Fidelity 的缩写，无线宽带）的环境下，可能会受到网络环境和流量资费的影响，但用户体验一定会不断优化。实际上，腾讯已经成为中国名副其实的第四大电信运营商。

传统电信业务领地逐渐被移动互联网数据业务蚕食，这已经是大势所趋。然而这不只是中国运营商面临的问题，更是全世界运营商遇到的大问题。在 2004 年、2005 年时，“话吧”曾经在国内有过短暂的流行，当时也是绕开运营商，通过互联网技术提供通话服务，但很快就遭到了运营商们的抵制。运营商对其作出限制是允许的，在技术上没有什么难度，但如今的形势和当年有所不同，运营商已经有些身不由己了。

由此可见，三大运营商联手限制微信的事情是不可能出现的，否则会出现很大的用户反弹。如今，全世界的电信运营商都面临着要不要“自己革自己的命”的难题。现在各大运营商之间的竞争还没有到紧要的关头，因为和 10 亿移动电话用户相比，微信还是很小的，况且微信是不能完全替代电话的，但不可否认的是，变革的趋势已经出现了。2012 年，中国移动董事长在工作会议上正式拿出了成立“中国移动互联网公司”的草案。

微信与微博的竞争

微信引领了一场现代社交和沟通模式的新革命。在微信公众平台上出现了热议，因此引发了一场争论，争论的焦点就是“微信能取代微博吗？”或许，我们更应该问的是：“微信到底哪里动了微博的奶酪呢？”

我们先来看看微信与微博有哪些差异？

1. 平台属性：社会化关系网络与社会化信息网络

微信是社会化关系网络，用户关系是构建网络的纽带；微博是社会化信息网络，信息是构建网络的纽带。

2. 信息内容：私密闭环交流与公开扩散传播

微信是私密空间里的闭环交流，而微博是开放的扩散传播。一个向内，一个向外；一个私密，一个公开；一个注重交流，一个注重传播。

3. 用户关系：对等双向与非对等多向度错落

微信是对等的双向关系，微博是非对等的多向度错落关系。在微信上，用户之间是对话关系；在微博上，用户之间是关注关系。微信普通用户之间，需要互加好友，这构成了对等关系。微信群是多对多，仍然是对等的。而微博普通用户之间则不需要互加好友，双方的关系并非对等，而是多向度错落、一对多。而微博群做不起来的原因，与微博用户关系的属性有很大关系。

4. 时间同步性：同时与差时

微信用户主要是双方同时在线聊天，从某种程度上说，可以把它理解为移动QQ的增强变异版。而微博则是差时浏览信息，用户发布自己的微博，粉丝查看信息并非同步，而是刷新查看所关注对象此前发布的信息。这种同时与差时也决定了微信与微博的功能与内容的不同。

为什么微信公众平台无法做到的，微博却能做到呢？

公众平台与微信用户需求不匹配。微信是私密空间，在移动端与短信类似。而我们经常听到身边的朋友抱怨垃圾短信太多，想想这个场景：突然，短信铃声响起，以为是好友发来的短信，结果是没用的广告。我们已经对这种令人沮丧的场景习以为常了。

微信平台也是一样，用户使用微信看重的是与朋友的交流，虽然公众平台的信息是用户主动选择的，但接收的信息仍然是被动推送。这不仅仅是打扰，更让人泄气。毕竟，人们玩微信的主要目的是为了与朋友交流，微信是一个对等交流的平台，不是非对称错落平台。而微博本身是信息平台，人们上微博的主要目的之一就是关注各类公众微博信息，如媒体、名人、草根大号、企业、政府机构等，非对称的关注特性在这里是成立的。

如果微信的公众平台账户推送信息不进行提醒，能不能避免这种打扰呢？是的，这样可以免除打扰，当然也会免去用户的关注。起初可能因为好奇，用户会关注公众平台账号，但是他们会逐渐遗忘。正如你下载了很多手机应用，下载之后基本上都玩过，但后来它们是不是就躺在手机里睡大觉呢？你再也没去叫醒它，直到有一天，你感觉它占用了太多空间，于是卸载成了它最终的宿命。

微信的推送是“精选”的，但究竟是不是“精选”要由公众平台账号决定。对用户来说，这是他们想要的真正的“精选”吗？对某些人来说，也许是阉割版，而微信公众平台账号无法针对每个用户的需求提供个性化的推送。对于企业或商户信息，他们需要鼓起多大的勇气才能相信用户会每天去专门查阅那些信息呢？

公司到底是做用户关系还是做信息关系，总得做个决断。我们看看雅虎的例子吧。雅虎之所以从互联网先驱沦落到唱衰声四起，根本的原因就是基因选择决定的。雅虎开创了免费、开放且赚钱的互联网门户模式，使雅虎成为了硅谷的明星，但也正是这种模式决定了它的基因是媒体，而不是技术。当Google（谷歌）兴起后，雅虎也发现了搜索的巨大潜力，做了很多努力以占领这一市场，但最终因为缺少技术基因，雅虎虽然花了大力气试图战胜Google却没有成功，反而使自己陷入险境，而Google的技术基因使其在搜索领域迅速崛起并战胜了雅虎。从这个例子可以看出，一个公司的基因是非常重要和致命的。

微信和微博的基因完全不同。微信根植于用户关系，微博则根植于信息关系，二者各有自己的空间。在外界看来，微博成功于twitter（译为“推特”，国外的一个社交网络及微博客服务的网站）模式，一直在向facebook（译为“脸谱网”，一个社交网络服务网站）模式靠近，但目前来看并不是很成功，主要原因就是新浪从门户模式以来一直在做信息，媒体属性更多一些。这个基因决定了微博是以信息为导向，具有很重的媒体性。而腾讯一直以QQ这一用户关系产品为中心，这就决定了微信的用户关系属性，它很难成为一个信息平台。

为什么说微信动了微博的奶酪呢？虽然微信与微博是两类平台、两种空间，但微信对微博还是造成了一定的冲击。

1. 用户时间：互联网所有的产品都是竞争者

其实，互联网所有的产品都是竞争者。无论是门户、视频、游戏，还是微博、点评、LBS等，它们时刻都在竞争，因为它们都在竞争着同一种东西：用户的时间。因为用户对互联网的使用时间是相对固定的，那么人们在各种互联网产品上花费的时间必定是此消彼长。毫无疑问，微信会抢走一部分用户的时间，尤其是微博在手机上如此火爆时，出现了另一颗耀眼的新星。

2. 平台之战：移动互联网时代对PC互联网时代的冲击

大家知道，微信源于移动互联网，微博源于PC互联网。它们诞生的环境是不同的，思维也是不一样的。微信是因移动互联网而生，而移动互联网是未来的大趋势。微博诞生于PC互联网环境中，虽然微博这种产品本就属于移动互联网的一部分，而且目前微博的确取得了优异的成绩，每天有近70%的微博用户通过移动端登录。但是，微博能否在移动互联网中获得更大的胜利、迎接微信的挑战，还要取决于微博背后的团队，毕竟微博需要兼顾PC互联网和移动互联网，这需要双重思维和执行力，而微信只需要把全部精力放在移动互联网上。微信或许也存在顾虑：那就是对QQ的冲击。QQ受到微信的冲击或许比微博更大。微信与微博的竞争引起热议，从某种程度上反映了移动互联网时代对PC互联网时代的冲击。

微信，是移动互联网的一大亮点；微博，仍是一颗明星。微信与微博各有自己的空间；微信公众平台，可以说是微信的一个超出本身属性的大胆尝试，至于这个尝试是否成功，事实会给我们一个答案的。

微信终将成为王者

很多人都看好移动互联网，但至于移动互联网的“钱景”究竟如何，似乎谁都不是特别清楚。曾有一位业内人士在微博上疾呼：“依靠广告根本无法养活移动互联网，小心被移动互联网泡沫淹死。”

其实，这种担心并不是危言耸听。虽然数据显示，中国区 App Store 应用下载量在 2011 年同比增长了 298%，营收增长了 187%，但从移动互联网爆发到现在，死在沙滩上的创业者已经不计其数，更多的人处于焦急地观望中。

2010 年，朋友聚会时，有人会问：“你又做了什么好应用？”2011 年，他可能会问：“你的应用还有几个活着？”现实是残酷的，美好的预期变得非常刺眼。谁能够真正抵挡得住移动互联网的诱惑呢？网络上曾经曝光了风险投资机构的一封内部邮件，主要的意思是：Web 时代已死，移动互联网的机会还剩 3 年。

巨头们当然不会放过这个千载难逢的机会。当其他巨头还忙着纺线织网、准备在移动互联网上捕鱼的时候，微信已经悄悄开始捕鱼了。显然，微信早已不是一款简单的社交工具了。

腾讯新闻、微博阅读、QQ 邮箱助手等插件的引入，究竟能给用户带来什么样的体验呢？我们可以模拟一下。当你早上醒来之后，先打开邮箱查看邮件，然后登录门户网站浏览新闻，再登录微博刷微博。完成这一系列动作时，你需要登录三个不同的地方。但自从有了微信之后，你只要掏出手机，就可以轻而易举地实现上述需求。

现在虽然微信对新闻、微博、邮箱的打通仅限于探索阶段，但我们依然能够明显地感受到这个微小的变化带来的方便。这些便利给微信带来了用户黏性。

"朋友圈"、"摇一摇"、"二维码"等社交功能的引进，更进一步扩大了微信的社交版图。当微信脱离了原来社交工具的定位之后，渐渐展现给我们的是一个移动互联网的新场景。从这种意义上来说，微信提供的已经不是简单的社交生活，而是一种移动生活了。

现在，我们把QQ和微信做一个简单的对比：

1. 不同的历史环境

PC互联网让位于移动互联网，并不是说前者的市场消失了，而是说后者的发展更有前途。虽然手机QQ也增加了如语音等功能，但微信利剑先发，QQ并没有用好已经积累的优势，而且错过了时机……因此，后者的竞争格局更大。

微信4.2版本可以支持视频、语音通话的功能。同时，微信推出的网页版会与手机版打通。微信4.2版本的特点有：跨平台，多终端；蓝牙车载支持；支持网页版，但需要依靠手机登录，没有洞穿移动的特性；支持视频、语音通话；兼顾网络环境及隐私保护；新特性介绍页文字及设计；兼顾网络环境及隐私保护。由此可以看出，微信拥有兼吃PC等诸多平台立志成为超级跨平台的野心很大，比QQ的发展舞台更广阔。

2. 成为平台的基础和途径

二者都拥有海量的安装量，这是成为平台的基础。QQ是PC时代的客户端之王，它的地位没有谁能够取代；微信突破1亿用户的消息已经过时，已初现移动应用王者之相。

二者发展成为平台的途径一样。QQ是社交工具，后来不断开发拓展，嫁接了很多其他服务；微信起初的定位也是社交工具，现在正逐步导入其他服务。

腾讯内部现已达成了共识，微信已经拥有可与QQ比肩的地位。但微信取代QQ跃居王者地位必定是迟早的事情，因为二者都是腾讯的产品，也注定了它们将在很长的时间里融合、共存。

微信也对自己的管理架构进行了调整，微信开发部门广州研发中心则被提到新的战略高度，组成了企业发展事业群。这说明，微信已经扫除了内部发展的障碍。

微信开启的新营销时代

我们已经步入了信息快速更替的时代——“微博”控、“微信”控，只要我们的反应稍微慢一点，就会觉得自己被远远地落在了时代的后面。微博才火爆了两三年时间，腾讯旗下的一款微信软件就扑面而来，侵入了我们生活的每个角落。

微信强势出击

2011 年 1 月 21 日，腾讯推出了一种即时通信应用软件微信，它不但支持发送语音短信、视频、图片和文字等功能，还支持群聊，堪称中国 2011 年度最火的移动互联网应用。

无论是在商场里、大街上，还是校园里、公交上，到处都能看到拿手机当对讲机的年轻人，他们可能就是其中一个比较活跃的用户。微信的蹿红速度甚至超过了新浪微博，它已经成为业内人士公认的中国移动互联网领域最成功的产品之一。

微信软件在功能上进行了独特的创新，沟通起来更轻松便捷，流量超低，沟通成本降至最低，因此一经推出就迅速传播开来。业内人士称，在微信如此迅猛的发展形势下，短信、彩信、飞信都将成为浮云。

作为基于智能手机的一款即时通信软件，微信以其独到的优势超越了传统的移动即时通信方式。近来，有互联网行业专家预言：不久的将来，58 同城、赶集网之类的网站，也都会成为微信的手下败将。

微信帮你赚钱

在微信出现的两年多来，许多商家都尝试用微信来宣传推广自己的产品和品牌。从事化妆品区域开发工作的许颖就是一个成功运用微信的营销典范。

她在一家化妆品公司负责联系产品的地区代理商。有连续几个星期，她都没有找到合作伙伴了。爱用手机上网的她灵机一动，把微信的签名改成了公司的业务、地址和联系电话。原本是抱着试试看的态度做这件事的她，竟没想到早上更改的签名，晚上就初见成效了，有 4 家公司通过微信跟她联系。由于这几家公司距离都不远，所以他们很快就见面了。短短的一个星期之后，双方有了一定的了解，许颖的公司与附近一家公司很快达成了合作意向。就连许颖自己都不会想到，手机里的微信竟然帮自己找到了合作伙伴。

在市区一家事业单位工作的李梅结婚 4 年，有一个 2 岁的儿子，每月除了要还房贷之外，还要承担抚养孩子的大笔费用。“我们卖的是外贸服装，通常是自己拍照上传到朋友圈，朋友看中了再去拿货，不会造成商品的积压。”李梅告诉记者，服装都是从在杭州做服装生意的朋友那里拿的，因为都是朋友，拿的成本价，转手卖一件衣服赚五六十元。虽然赚得不多，但是有了这份额外的收入，就有效地缓解了家庭的经济压力。

“拼”、“找”样样行

在微信上兴起了拼车族、拼伞族之后，越来越多的微信用户开始利用 LBS 功能寻求方便，把“拼”和“找”发挥到了极致。

所谓“拼”就是几个人凑在一起，如：在某小区求合租，有空调、冰箱等。毋庸置疑，这种“拼”的方式能将有相同目的的人迅速聚集在一起，通过平分等方式满足共同的需求，比起在网站上发布和寻找信息来说，这种方式更方便、快捷和真实。

所谓"找"就是在1000米的范围内寻求帮助。有些微信用户的签名内容是："某路附近哪里有好餐厅"、"请问某地哪里有洗手间"等。在范围内的用户一般看到这类签名时，都会热心地给予解答，这样求助者就能在短时间内获得帮助，比上网查找或者询问路人更省时省力。

微信支付彪悍来袭

说到网上支付，人们马上会想到支付宝。支付宝在PC端的统治地位由来已久。然而在移动互联网时代，支付方式似乎又在悄悄地发生着改变。难道你不曾看见微信支付正彪悍来袭吗？

腾讯曾披露过两个数字：嘀嘀打车被微信植入后，凡使用微信支付打车费用的，司机补贴10块，乘客补贴10块。在短短7天的时间里就超过百万单，补贴出去2000万。腾讯正追加2亿，“请全国人民打车”。旅游网站去哪儿接入后，2周为微信支付带去了1000万的交易量。下面看看业内人士的一段对话，也许你会豁然开朗了。峰哥跟嘀嘀打车投资人、金沙江创投的朱啸虎在微信上的对话：

峰哥：微信支付确实掀开了一条口子。在PC时代可一直没出现这样的超车机会。

朱啸虎：PC时代，信任关系薄弱，所以需要第三方担保，这是支付宝起来的优势。但这么多年过去了，互联网上的信任关系已经建立了，用户放心了。再加上腾讯这样的大公司背景，第三方担保的必要性就弱了，没有必要了。

峰哥：为什么是微信支付而不是其他呢？

朱啸虎：是因为“频次”。你以前写过的《微信对阵阿里，是三维打二维》。为什么是“三维打二维”呢？微信是以小时甚至是分钟的频次来打开的，而支付宝的频次是以周为单位的。高频次对低频次的业务入侵，一定是长驱直入。

峰哥：截流。高频应用加入了本来低频应用的功能，于是这个功能截下来了。还没等到想起来低频应用，需求已经满足了。

朱啸虎：还有，支付只是手段，不是场景，只是完成交易的最后一步。所以，关键是把握住高黏度应用的场景。在这个场景下产生需求，支付只是顺水推舟。

峰哥：所以，微信具有最大最丰满的场景。微信已经不只是沟通，而是生活。下一个问题是，为什么是打车掀开了口子？

朱啸虎：打车对微信支付有极其巨大的帮助。因为打车是高频、刚需的应用，而符合这两个条件的需求不多。

峰哥：我打车确实经常遇到没零钱找的情况，大多数都是司机拉着我去附近的小店换零钱。相反，吃饭结账倒习惯用信用卡了，即使是找零钱也很容易。下一个问题是，20块发展一个微信支付的用户，贵吗？

朱啸虎：非常划算。现在一个电商用户差不多要200块，而且20块买来的是移动支付用户。尤其是对腾讯这样的公司、这样的时间点，太划算了。

峰哥：微信支付后面是购物，大量的O2O支付、理财。20块钱拉进来，一年买几单货、付几次饭钱，就全回来了。

看来，腾讯股价已经开始向2000亿美金的市值爬坡了。腾讯第三方支付平台财付通的经理赖志明曾在一个新闻发布会上说，腾讯将在两个月内给微信增加支付服务，使卖家可以直接受理来自买家个人账户的网上支付。据介绍，用户只要在商店里扫描商品的条形码就可以购买商品了。随着智能手机的迅速普及，移动支付正成为一种时尚的购物结算方式，呈现一种井喷之态。

微信的社交圈可以在朋友之间以"病毒式"方式传播支付体验，不断为其带来业务增量。"虽然微信的支付功能本身具有一定的可替代性，利用二维码支付、摇一摇好友转账、商户优惠信息推介三大功能在同业中都可以相互覆盖，但微信的社交功能是非常具有竞争力的，另一方面我们将努力把使用微信包装成一种潮流。”赖智明称。

移动支付市场正在快速成熟，微信使人们摆脱了PC的束缚，可以随时随地完成交易，而且将成为信用卡之外的另一种主要支付方式。移动支付的兴起更得益于在很大程度上解决了网银支付遇到的问题。

在赖智明看来，微信有社交、移动、娱乐、商务四大功能，为支付奠定了良好的基础。他认为，这种“病毒式”传播效应已在微信用户的积累上得以体现。微信上线433天，积累了1亿用户，速度是twitter、facebook的4~5倍。微信相较QQ、短信更便捷、更具黏性的社交优势，是财付通与微信合作的关键。

相关数据显示，平均每年有2800万人次到香港旅游购物，其中多数都拥有装载了微信的智能手机。例如，第一时间与朋友圈分享购买的奢侈品，微信能一次性做到。微信的2亿多用户，分布于中国大陆、港澳台地区以及海外，这些活跃的消费群体已经为微信的支付业务开展打下了坚实的基础。

百优机商城的负责人表示，企业正在积极开发移动支付业务以适应市场的需求，争取尽快与微信的支付业务做好衔接。关于微信的支付业务，百优机的负责人表示非常看好，对消费群体来说，商城的地方特产、滋补礼品、高档生活用品，非常适合微信人群的需求，再加上百优机线下的有机产品加盟店，游客们只要在选中商品后通过微信支付就可以了。

“扫一扫”、“摇一摇”就可以实现轻松支付。微信支付能否引领移动支付的新潮流，最终还要取决于商家与消费者的配合。

微信走向海外，继续新的精彩

微信，虽然只是一个移动互联网的应用工具，在手机屏幕上只是一个图标，但是就在这个小小的图标背后，微信团队正凭借自己的创新和智慧，给人们的日常生活带来巨大的变化。从其在人们生活中的表现，以及其不断爆发出来的能量来看，微信已经日渐成为新经济的引领者，并不断创造着新的可能。微信的成功只是开始，新的精彩仍将继续。

微信走向世界

微信除了在中国市场上所向披靡，而且在国际上的表现也是引人瞩目的。据国外媒体报道，微信正在破除中国互联网产品无法走向世界的定论，在全球的App市场占有了一席之地。

居住在北京的29岁职业媒体人凯特·万表示，“我使用微信发信息和群聊，不过我也开始用它进入社交网络。”凯特·万说的是微信的朋友圈功能，这种功能允许用户发布照片和更新网络状态。凯特·万说：“微信已经成为我日常生活中非常重要的一部分。”

专门从事中国科技和互联网领域研究的咨询公司BDA China董事长邓肯·克拉克表示，微信凭借强大的功能、简单的操作，具有战胜西方对“中国制造”存有的怀疑的潜力。据悉，目前微信已成功支持16种不同的语言，包括俄语、印尼语、葡萄牙语以及泰语，腾讯还计划开发不同语言的更多版本。微信的海外扩张已经初见成效。

海外用户过亿，积极营销初见效

2013年8月15日，据美国科技博客TNW报道，移动消息应用微信宣布公司的海外用户总量突破1亿，是3个月前的两倍，这表明微信针对海外市场的积极营销策略已经初见成效。

微信在全球范围内的月活跃用户量已经达到历史新高的2.358亿，同比增长176.8%。这也进一步拉近了与竞争对手Whats App（一款跨平台应用程序，用于智能手机之间的通讯）之间的距离，后者的月活跃用户量为3亿。

微信在国际市场的扩张速度非常惊人。目前，微信已经登陆香港、印度、印尼和马来西亚等国家的移动应用商店，微信还成为阿根廷、巴西、意大利、墨西哥、菲律宾、新加坡、西班牙、南非、泰国和土耳其等国家App Store中下载量最高的社交应用。

此外，为了拓展海外市场，微信还聘请足球明星梅西做形象代言人，而由梅西主演的电视广告在15个国家播出过。

微信与Linked In合作

2014年3月，根据获得的消息知道，Linked In（全球最大的职业社交网站，是一家面向商业客户的社交网络，Linked In中文名是“邻客音”）与微信之间的合作已扩展至全球，微信的海外市场拓展进一步展开。

微信账号已经出现在Linked In部分美国本土用户的“个人资料设置”的“联系方式”默认选项中，用户可以添加和直接编辑自己的微信ID，对自己的Linked In人脉连接者开放。至此，微信成为Linked In在美国除了Twitter和个人网站之外，第三个被默认出现的“联系方式”选项。

目前，这种功能只针对“个人资料设置”中现实常住地为美国本土、系统语言设置为英语的美国用户开放。也就是说，Linked In与微信的这一步更“深度”的合作并非只是为了中国市场，而是意在全球的。

将微信接入 Linked In 的整个过程都是“微信式”的——打开Linked In 并进入个人联系方式设置，你会看到 Twitter、WeChat 和Website 并列其中。点击编辑按钮后，页面中会出现二维码，在利用微信“扫一扫”后，微信将跳转至确认页面，在点击“确认”完成后，Linked In 页面上的二维码会随即消失，并出现你的微信账号。在整个过程中，用户无需输入任何信息，完全通过二维码与“扫一扫”完成过渡。

对 Linked In 的“主流”用户来说，这种完全“微信式”的添加方式显得突兀而有趣。它的背后，是微信与 Linked In 的“等价交换”——将 Linked In 账户接入到微信用户的个人设置中，微信可以更好地帮助 Linked In 在中国的潜在用户中推广；而 Linked In 首先在美国用户的个人设置中增添微信 ID 作为联系方式的默认选项，则有助于微信在美国获得更多高质量的用户（Linked In 的用户 74% 拥有大学及以上学历，39% 年收入超过 10 万美元）。

在中国，人们互相添加微信的使用场景与在美国人们添加Linked In 的联系方式越来越接近。在美国，微信也尝试过利用Google 联系人展开病毒式营销。在微信中绑定 Google 账户并通过Google 账户添加 5 个联系人的用户，将可以获得礼品卡等礼品。这项活动早已结束，效果不得而知。

而据了解，接下来双方的合作将进一步深入。Linked In 的产品团队正在密集测试下一项功能：当用户在 Linked In 上添加微信联系方式成功后，他 / 她的第一度 Linked In 人脉（即直接在 Linked In 上与其连接的用户）就能在其个人页面顶部的资料栏中看到该用户的微信二维码，然后再用“微信式”的扫一扫功能，就可以直接添加对方的微信联系方式了。

Linked In 也计划将微信添加至默认联系方式的功能推广至美国之外，包括在中国境内将系统设置为英语的 Linked In 用户可能接下来会获得这项功能的接入权限，而中国本地的简体中文版用户并不在优先考虑范围内——这背后不仅仅是 Linked In 的考虑，更是微信的算盘。

2014 年 3 月，腾讯仍将在海外市场继续发展微信业务，但此次将绕开那些竞争激烈的地区。腾讯在财报大会上表示，微信的发展势头仍很强劲，该应用四季度的月活跃用户量已达到 3.55 亿人，同比增长率高达 121%。微信的多数用户来自本土市场的中国，不过从去年开始，腾讯开始发展微信的海外市场，并将该应用带到了包括巴西、印度和墨西哥等其他 15 个国家。

腾讯的首席战略官 James Mitchell 表示，去年该公司已为微信的海外推广投入了 2 亿美金。“2014 年，我们还会投入这么多钱，” Mitchell 说道，“但我们将瞄准更多具有发展空间的市场。”

试图吸引全球用户的移动应用并非只有微信这一款。2 月份，Facebook 宣布将收购 Whats App，试图将其用户量从 4.5 亿拉高至 10 亿。类似应用还有日本的 Line（一款由韩国互联网集团 NHN 的日本子公司 NHN Japan 推出的起步较晚的通讯应用）和韩国的 Kakao Talk（一款来自韩国的免费聊天软件），这两款应用目前都在亚洲市场不断扩张，而微信也希望在此市场获得更多的用户量。

不过，腾讯预计，微信并不会在短期内获得重大的突破。一款新型应用，无论有多好用，都很难在其竞争对手已经统治的市场中获得更大的发展。所以，微信将转向已经成熟的市场或者竞争比较小的市场。

移动互联时代，微信带来的巨变

2012 年 12 月 10 日，"如果明天是世界末日，你会选择哪种科技产品来保留人类文明的痕迹？"新锐科技媒体爱范儿组织了一项社会调查，在千奇百怪的答案和吐槽中，微信一再被提及。

作为一种全新的社交工具，微信不仅改变了人们的沟通方式，而且见证了中国社会的巨大变迁，深入到社会生活的方方面面，折射出了国民生活的巨大变化。如今移动互联网时代最流行的，正是微信 Style。微信——这个全民关注的主角不仅能帮助消防队员救人，而且能为市民提供打的服务，再没有哪一款科技产品能像微信一样上得厅堂下得厨房了。

2012 年 12 月初是短信的 20 岁生日，有人预言短信的衰退已是必然，而此时的微信只有 2 岁，正开启着一种全新的沟通潮流。集文字通讯、图片分享、语音对讲、LBS 、摇一摇、漂流瓶、视频会话等诸多社交手段于一身的微信，把人们从打字的束缚中解脱出来，在满足用户本身对社交、沟通的强烈渴望同时，也拓展了关于沟通宽度与深度的无限可能性。在移动互联网中，微信正在建立新的社交形态和规则。

有了微信，公共服务机构不再只是一个冷若冰霜的名词。"您好，这里是 ××× 市消防支队，如有相关的消防问题，请您留言或拨打 96119，我们将随时为您解答。"市民们可以通过微信搜索"附近的人"这一功能，找到自己身边的消防员，从而实现向群众征求意见、解答疑难、接受举报火灾隐患、宣传消防知识、不断拓展消防宣传等网络服务。公共安全、个人财产安全因此将得到更有力的保障。

来自社会基层的声音通过微信也顺利被放大了。例如十八大期间，重庆团代表刘英每天和农民用微信聊天，接收来自基层百姓的一手信息，沟通和倾听他们的意见和心声，使自己的提案更接地气，而农民们在不知不觉中也与十八大产生了直接的联系。

2012 年 5 月 15 日，微信开放了 Api 接口（Application Programming Interface，应用程序编程接口）给第三方应用，使更多线下与线上的用户享受到移动互联网的便捷；公众账号信息帮助商家与企业建立泛用户体系，用户亦可通过公众账号获得生活服务信息；借助二维码推出扫一扫电子会员卡，使百姓获得生活的实惠和特权。

在微信上，每个个体都能为自己创造沟通带来的衍生价值。来自浙江省杭州市的的哥袁法宝就通过微信使自己的生意越来越兴隆。2012 年 2 月，袁法宝与的哥们自发组成了“杭州出租车预约 V 车队”，车队成员用微信聊天、查路况、预约业务。乘客可以通过微信软件第一时间联系到车队。这既方便了市民出行，又明显提高了袁法宝车队的收入。

重庆 68 岁的王忠通过微信和子女孙儿们聊天，沟通感情；年轻人建微信群直播好友的求婚过程；演员吴京吃饭时用微信聊天也成为狗仔队的头条……在便捷的沟通体验之外，微信给我们的生活带来了更大的社会价值。微信在不知不觉中已成为现代最强大的发声体，代表着当今时代人类发明阶段性的里程碑。

就在最近，一项基于微信的硬件创新颇受关注。通过关注微信公众账号并发送手机照片，便可在 30 秒内通过一台自助印终端机打印出 LOMO 风格照（Lomography 是一个有关光学胶卷相机的社区，同时也是 Lomographische AG 公司的商标，该公司提供与摄影相关的产品与服务）。微信正以一种炫酷风的姿态迅速融入我们的生活。

可以想象，未来你可能在街角的超市里买完东西，拿出手机刷一下微信里的二维码结账，里面捆绑的会员卡会自动打折优惠，你在微信里把特惠商品推荐给好友，一次购物的体验也就完成了。

随着越来越多的合作伙伴加入微信阵营，微信上已经可以实现找出租、订酒店、找餐馆等各种服务，通过微信可以随时获得身边的生活服务，微信开始真正融入百姓的日常生活。

知名互联网评论人士管鹏认为，随着越来越多的企业加入微信阵营并从中获益，微信已经在移动互联网领域全面领先。腾讯高级副总裁张小龙期望微信"能够在平台性方面走得更远，它真的成为一个很好的移动互联网的一个基础设施，可以为整个业界提供一个很好的通讯开放平台，让所有的第三方都能够把他们的有价值的应用通过这个平台提供给更多的用户。让更多第三方应用能享受微信的整个通信基础架构和社交，在移动互联网平台上获得收益。"

微信的价值正在持续发酵。对百姓来说，更便捷的沟通方式和更愉悦的体验，是他们选择微信的关键。我们完全有理由相信，微信将席卷我们生活的每个角落，在诸多场景中被频繁使用。移动互联网时代，流行微信 Style！

第 2 章

强悍功能背后的价值

微信的成功依靠的不是自己家大业大，而是顺应了移动互联网时代的需要和其本身的强悍功能，正是因为微信丰富多样的功能使它比传统的短信沟通方式更灵活和智能，因而更受到广大用户的青睐和追捧。在生活中，它成为一种便捷的交际和娱乐方式；在商场中，它逐步成为一种流行的营销手段。在微信强大的特性和功能背后隐藏着巨大的商业价值，需要我们用敏锐的观察力去挖掘并创造属于自己的财富。

附近没有陌生人

LBS（基于地理位置服务）的超精准广告正逐渐向手机渗透，悄悄地改变着我们的生活，给我们带来太多的便利，同时也为移动广告市场带来了巨大商机。微信中基于LBS的功能插件查找“附近的人”就可以使更多的陌生人看到这种广告。比如说，以前你和老朋友是在网上聊天，你知道他的具体位置吗？一群人在玩魔兽世界，你知道这些游戏伙伴在哪里吗？你登山迷路了，报警救援时却说不清楚自己的具体位置，你知道该怎么办吗？如今，微信具有的LBS功能，这些问题就能迎刃而解了。

LBS能通过移动终端和移动网络确定用户的地理位置，并在确定使用者位置的同时，向用户推荐该位置附近所能提供的各种服务，例如：位置签到、位置游戏、周边搜索和信息推送等。查找“附近的人”是2011年8月3日由微信正式推出的LBS社交功能，通过该功能用户可以找到自己所在地理位置附近同时开启本功能的人。

对于营销者来说，查找“附近的人”绝对是一个精准投放广告的好办法。那么商家如何借助它来投放广告呢？这就必须提到微信账号的签名栏了。每个微信账号都设有一个签名栏，用户可以随时更改自己的状态，商家可以把自己的基本信息或优惠信息等写在那里，然后通过查找“附近的人”来投放广告。只要有用户使用这一功能，商家就可以达到自我宣传的目的。

下面简单介绍一下这种功能的用法：

1. 在“朋友们”界面中，找到“附近的人”入口。

2. 点击“确定”后，查找附近1000米以内的微信用户。

3. 点击“感兴趣的人”，就可以和他打招呼并成为好友了。

成功案例：

一家名叫“饿的神”的快餐店也在微信热潮中一试身手。它紧紧抓住了微信的LBS功能，充分利用这种功能展开宣传促销活动。

中午休息时间一到，当饥肠辘辘的人们正为吃什么拿不定主意的时候，“饿的神”会非常及时地出现在“附近的人”中，向周围的人热情地打招呼，向大家推荐自家的快餐。经常在“饿的神”点餐的小刘这样说：“微信真是太高效了，我只要对着手机吼上一嗓子就有人送餐上门了，对我这种上班族来说确实太方便了！”微信用户不但可以了解这家餐馆的特色菜品，还可以足不出户地享受送餐服务。

这种营销方式突破了简单的交友范畴，向更广阔的宣传、营销领域发展。通过这种超越空间的“电子传单”，“饿的神”快餐店不但收到了良好的宣传效果，而且获得了丰厚的利润。

商家完全可以利用查找“附近的人”这一功能，在社区、学校、商圈附近针对商品对应的人群特点举行各种促销活动，即时推送各种促销信息，以引起“微友”们的关注。

摇一摇，朋友来

“摇一摇”功能是微信的一个随机交友应用，通过摇手机或点击按钮模拟摇一摇的动作，可以找到同一时段触发该功能的微信用户，从而增加用户间的互动和微信的黏度。

“摇一摇”是微信独有的最强大的交友方式，只要是在同一时间摇动手机的微信用户，无论你在世界的哪个角落，都可以通过这种功能彼此认识。轻轻摇动你的手机之后，微信会自动将用户的地理位置信息暴露给周围的人，如果在周围 1000 米范围内的人没有在微信的界面上清除他的地理位置信息，你就可以搜寻到对方。通过“摇一摇”功能，微信可以给你带来惊人的广告曝光度，因为如果你不停地摇手机，别人同时也在摇，这无疑会增加你的曝光度。

下面介绍一下“摇一摇”功能的用法：

1.“摇一摇”的入口在找朋友界面。

2. 进入“摇一摇”界面，轻摇手机，微信会帮你搜到同时摇晃手机的人。如果是在同学聚会上一起摇，会快速列出一起摇手机的朋友。

3. 摇到朋友后，直接点击就可以开始聊天了。

如果点击设置，你可以查到上一次摇到的人群，也可以更换背景图片；如果点击头像，你可以查看摇到的好友的一些基本信息和状态。

被你摇到的人基本是按照距离的远近来排列的。在微信的聚合效应下，同一时间段内摇到同一个人的可能性更大。除此之外，通过微信的“摇一摇”功能，你还可以将电脑网页上的图片转移到手机上。这一过程是如何实现的呢?

1. 在手机里安装一个微信“摇一摇”插件，并在设置中绑定“摇一摇传图”插件。要实现微信与电脑间的传图功能，先必须把微信账号和浏览器绑定在一起。

2. 在电脑上安装插件后，网址下面会出现“摇一摇传图”，然后点击浏览器上的“摇一摇传图”插件，弹出二维码绑定确认框，接着用手机微信扫描二维码，手机页面就会进入绑定阶段。绑定成功后，浏览器插件就会显示“摇一摇传图已启动”。

3. 在绑定的浏览器上打开自己挑选的图片同时，打开手机上的“摇一摇”，接着轻摇手机，网页上的图片就能轻松地摇到你的手机里了。

需要提醒的是：目前微信“摇一摇传图”只支持搜狗、谷歌等浏览器，暂不支持360和IE浏览器。用户可以在微信支持的浏览器中搜索微信的官方网站并下载“摇一摇”插件，但谷歌浏览器用户需要到谷歌应用商店里安装插件，而不能到官网上直接下载。

成功案例：

2013年2月14日情人节这天，国内知名品牌钻石小鸟发起了微信“摇一摇”活动，用户只需在指定城市指定的地点和时间打开微信“摇一摇”，就有机会获得钻石小鸟的北极光钻石和其他精美的赠品。

微信摇一摇

钻石小鸟还开通了官方微信号“钻石小鸟北极光”，只要在现场通过微信不停地轻摇手机，关注“钻石小鸟北极光”并成功打个招呼，就会获得赢取礼品的资格。这次活动的赠品是“北极光钻石”，是2012年4月钻石小鸟为纪念品牌成立10周年推出的纪念典藏裸钻臻品，它采用圆钻中的顶级切割工艺，多彩绚丽犹如极光一样迷人，因此得名。这次钻石小鸟的微信活动获得了成功。

有不少人发现，微信4.5版本的“摇一摇”功能不但可用于交友，而且能用于音乐识别。事实上，这种功能的发现来自张小龙的一次开车经历，他说：“有一天我在开车，听到收音机里的一首歌，我很想知道歌名。我就想，如果能通过微信识别音乐就好了。”

在张小龙看来，“摇一摇”是一种非常移动互联网的操作方式，它不需要用户动脑输入信息，用户能非常简单地将信息反馈给系统，这时“摇一摇”就变成一个信息入口。张小龙还说：“其实，我们一直想在‘摇一摇’上做一些尝试，因为它是一个入口。说不定我们也会跟电视台合作，比如在看某个节目时‘摇一摇’，就能摇到这个节目的公众号，或者你看一个广告，摇一下就可以打开这个广告的详情。”

"漂流瓶"里的烦心事

微信"漂流瓶"与QQ邮箱里的"漂流瓶"的功能基本相同，但它比QQ邮箱里的"漂流瓶"多了一个语音功能，可以用语音发送消息。"漂流瓶"是移植自QQ邮箱的一款应用，该应用在PC上深受好评，许多用户都喜欢这种与陌生人互动的简单方式。移植到微信后，"漂流瓶"的功能基本保留了原始、简单、容易上手的风格。

当有烦心事却苦闷于不知道向谁诉说的时候，你就可以到微信"漂流瓶"里倒倒苦水了。对营销者来说，"漂流瓶"绝对是一个非常高效的营销利器，可以借助漂流瓶推广活动，进行更真实有效的营销宣传。此外，官方微信有机会修改"漂流瓶"的参数，增加漂流瓶的数量，这样就增加了用户打捞到商家的漂流瓶的几率，大大增强了商家的营销效果。

"漂流瓶"只是随机地推送信息，文字、语音和视频的互动也非常简单，下面介绍一下主要功能和玩法：

1. "扔一个"，用户可以选择发布语音或者文字后将其扔到大海里。如果有其他用户"捞"起瓶子，就可以进行对话了。

2. "捡一个"，顾名思义就是从大海中用户投放的无数个漂流瓶中"捞"起一个，"捞"到后就可以与对方进行对话了，但每位用户每天只有20次捡漂流瓶的机会。

微信"漂流瓶"让我们看到了"扔"与"捡"互动之间的营销效应。简单地说，就是用户比较愿意把心里的秘密装到瓶子里漂流出去，而捡到瓶子的人也很愿意给予回应。俗语有："一个巴掌拍不

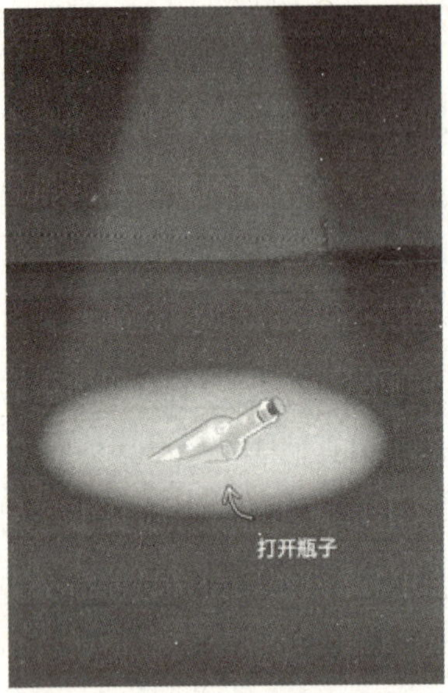

捡一个漂流瓶

响。"当双方乐于进行互动的时候，营销也就随之而来了。

成功案例：

招商银行的爱心漂流瓶，是一个技术性和创意性更强的微信互动案例，是招商银行为自闭症儿童提供帮助的慈善性的营销活动。

在活动期间，微信用户可通过"漂流瓶"功能捡到来自招商银行微信账户的漂流瓶，然后根据上面的提示完成一些配合，比如通过微信对患有自闭症的孩子们说一些祝福的话，随后招商银行会根据用户的参与情况，通过壹基金的"海洋天堂"计划来购买为自闭症孩子提供的专业辅导训练。为了这次活动，招商银行专门通过微信官方调整了"漂流瓶"的参数，使用户"捞"到来自招行的漂流瓶的几率大大增加。据观察，在开展活动期间，每捡 10 次漂流瓶就基本上能捡到 1 次招行的爱心漂流瓶。

这也给很多企业提供了有价值的参考。其实，营销方式多种多样，关键看你如何掌握并打造出新的创意，做出最合适自己品牌和营销目标的方案。

"漂流瓶"是商家看重的一个微信活动应用。微信上的漂流瓶很多，你"捞"到的那个都是随机的，对捞到瓶子的人来说会感到这是一种缘分。漂流瓶推广也很简单，可以利用热点话题、爱心帮助、幽默文字、奇闻异事等能吸引眼球的信息。只要你尽情发挥自己的想象力，就一定能用好这个推广利器，提升企业的被关注度。

更真实的语音对讲

手机用户们早已厌倦了发短信打字，但是发送视频又太耗费流量，相比之下，使用微信的语音功能确实是一种省时省力又省钱的信息传送方式。微信的语音功能就是“语音对讲”，类似于语音短信。此外，微信也支持语音通话和视频，这意味着用户可以进行免费通话和实时交流，与网络电视很相似。

微信能发送音频信息，在传递信息时非常快捷，而且语音让人感到非常亲近和真实。因此，微信“语音对讲”功能也是一个非常有效的营销利器，相比文字和图片来说，富有亲和力的语音更能营造出一种亲切真实的氛围，拉近用户与商家的距离，提高企业的知名度和影响力，帮助企业达到理想的营销效果。那么，如何使用微信上强大的“语音对讲”功能呢？下面做一下简单介绍。

在聊天页面上有一个语音对讲按钮，按住按钮后开始说话，你的语音将被保存并发送给对方。在讲话时屏幕上会出现一个对讲机模式，旁边还有输入音量提示，根据提示可以移动手机到合适的位置，从而获得最佳的录音效果。

成功案例：

2012 年伦敦奥运会期间，由英特尔和腾讯一起创办的一档手机语音播报节目“超级星播客”，让中国的体育迷在指尖上过了一把奥运瘾。当时为了吸引更多的粉丝加入，栏目邀请了当红主持人孟非和特邀专家董璐，全程陪微信用户走完 17 天奥运，为网友进行麻辣解说。

"超级星播客"正是看中了微信的语音发送功能，便积极利用微信增强自己的知名度，凡是添加本节目为好友的粉丝都能收到最新的奥运消息。每天分三个时间段，栏目组都会最迅速地与用户一起谈论奥运话题，犀利解说奥运的热点问题，并将内容及时推送给微信上的粉丝们，使他们能在第一时间获知奥运赛况和点评。

为了更好地与粉丝们进行互动，"超级星播客"制作了自己的二维码和账号，只要用户的手机扫描了二维码，或者添加微信用户"超级星播客"就可以收听节目。每天早上醒来之后，粉丝们都能收听到最新的赛况，还能享受一整天的麻辣点评带来的快乐。

作为一种新兴的媒体，微信的信息传播符号具有多样化的特点：语音、文字、图片、视频、表情等一应俱全。其中，语音通信功能的加入意义重大，改变了以往单纯用文字和图片进行社交的状况，使人们之间的交流回归至语音，改变了人们传统的交流方式。通过这种点对点的语音交流平台，用户不仅用声音传递了信息，而且传递了情绪，更好地把握了对方的心理状态，提高了信息的传播质量。

基于公众账号提供的语音服务，未来微信可以通过分账号实现人工智能的精准语音服务，使品牌和用户之间的沟通可以通过基本的会话功能完成，帮助企业进行更有实效的营销。

真正没有门槛的公众平台

在微信大火的年代，有人用微信营销，有人用微信游戏……你是否关注了这样一些公众账号，它们能轻松解决大家的衣食住行问题。渴了有咖啡；饿了有美食；外出旅行可以订旅店；参观博物馆有专属的“讲解员”；在手机上就能购物；堵车了有交警叔叔第一时间告诉你；微信里的私人客服可以随时向你报告物流动态。而实现这一切非常简单，只要你动动自己的手指，点击关注，选择你需要的服务就行了。

微信公众账号是一个真正的无门槛的平台，是微信公众平台的一种账号类型。每个人都可以用一个 QQ 号码打造一个自己的微信公众账号，并在这个平台上与特定的群体进行文字、图片、语音等全方位的沟通互动。这个平台非常适合明星、名人等公众人物进行信息的发布。

可以说，微信公众平台的上线，提供了一个基于过亿微信用户的移动网站。微信公众账号可以通过后台的用户分组和地域控制，实现精准的消息推送。普通的公众账号，可以群发文字、图片、语音三类内容。认证的账号则有更高的权限，不仅能推送单条的图文信息，而且能推送专题信息。

通过一对一的关注和推送，微信公众平台可以向粉丝推送包括新闻资讯、产品信息、最新活动等信息，还能实现包括咨询、客服等功能。通过发布公众账号二维码，微信用户可以随时订阅公众平台账号，平台可以实现精准的消息推送，直指目标用户，接着通过个人关注页和朋友圈，实现品牌的病毒式传播。

对于明星来说，公众账号犹如一个“宣传团队”，明星可将自己的最新动态发布到微信上，与粉丝进行积极的互动，在巩固现有粉丝的基础上，拥有更多的新粉丝，并树立良好的个人形象。对于企业来说，可以通过公众账号宣传自己的产品，提高品牌的知名度，而且能及时得到用户的反馈，以不断完善自我和提高产品的竞争力。一些媒体、非营利性质的事业单位也发现了公众账号的潜在价值，通过公众账号既树立了良好的形象，又产生了一定的公信力。那么，如何申请和设置个人公众账号呢？下面进行详细的介绍。

1. 登录微信公众平台网站，点击“注册”，在弹出的对话框中填写基本信息，然后点击“注册”，按要求激活账号。按照页面提示，填写自己的信息，然后选择自己的公众账号类型。

2. 填写完基本信息后，为自己想一个有力度的名字，这样会“吸”来很多粉丝。注意最后一行的信息，那里的两种选择：“普通公众账号类型”、“公众会议账号”，后者是有使用期限的，过期无效。

3. 填写完基本信息后，公众账号就注册成功了。确认公众账号后，就能进行微信后台操作了。

4. 在使用公众账号前，最好先修改一下微信号。由于微信系统自动提供的微信号一般很长，不方便用户记忆。点击“设置”按钮，选择“设置微信号”，把微信号改成方便记忆的即可。微信号一旦设置成功，就不能再更改了。接着设置头像，在“设置”中点击“更换头像”，然后上传自己选择的图片。上传完成后，头像会自动和二维码融为一体。

5. 用户信息对公众账号来说非常重要，往往体现账号的定位。在“设置”中点击“微信用户信息修改”，然后输入相关文字，点击

“确定”即可。

下面介绍企业公众账号申请方法：

1. 在微信账号激活后登记信息，然后选择公众账号类型，根据要求填写相关的企业资料，接着填写运营者的相关资料。

2. 资料填写完毕后，选择公众号的类型，然后把企业公众号的信息逐一完善即可。

一般来说，大部分企业等会选择“服务号”，这样可为用户提供更多的服务；个人公众账号则会选择“订阅号”。那么“服务号”与“订阅号”的区别和特点有哪些呢？

在消息提醒上，“服务号”能收到即时提醒，并在聊天列表中有显示；“订阅号”不能收到即时提醒，只在订阅号文件夹中显示。群发消息时，“服务号”1个月1条；“订阅号”1天1条。“服务号”单独出现在通讯录中；“订阅号”整体出现在订阅号文件夹中。“服务号”可以申请自定义菜单，“订阅号”不能申请。

成功案例：

微信公众平台上有一个非常成功的案例，目前小米的微信账号已经有超过106万的粉丝。小米科技副总裁黎万强曾经说过，他们做小米的微信公众账号更多的是服务。其实，服务做好了，营销自然也就来了。

无论小米手机的产品如何，但小米在微信公众账号的运营上，的确是理解了张小龙和微信公众账号的本质。小米手机可以说是近两年突然爆红的黑马手机品牌，虽然质量并非很好，但是小米的微信营销策略成功地获取了无数人的关注。那么小米究竟抛出了哪些微信营销策略呢？

4月9日米粉节那天，小米的微信客服玩了一次心跳。原本策划了一次米粉节直播活动，并设置了足够诱人的奖品——关注"小米手机"公众号，回复"go"参与抢答，每隔10分钟就会送出一部小米手机。下午两点开始直播，几十万微信粉丝发送的消息瞬间蜂拥而至，最终刷爆了小米客服的后台服务器。这种"幸福的烦恼"在商家的微信营销中实属首例。副总黎万强后来说，米粉节当天收到了200多万条微信消息，参与互动的米粉人数超过20万。小米手机的微信公众号真正发力运营的时间是从2013年4月开始的，但却迅速累积了80万粉丝。

那么，小米的80万微信米粉究竟是怎样炼成的呢？

1. 超过10%的微信粉丝来自微博导流。在小米手机微信公众账号运营初期，新媒体营销团队认为微博将是核心的拉新渠道，"小米有几百万的微博粉丝，好好拉一下，50万应该没有问题"。不过，后来只有10万微博用户成了微信粉丝，约占12.5%。当然，还有一个前提条件——小米拥有国内足以傲视群雄的微博运营团队。

2. 约30%粉丝来自活动策划。在注册小米手机微信公众账号后，小米团队并没有急于搞活动。直到2013年3月，他们才策划了一个"小米非常6+1你敢挑战吗"的互动活动，采取类似趣味答题的方式，设置了米2手机、f码、小米盒子以及移动电源等奖品，鼓励用户关注小米手机的公众账号。黎万强说，3天时间里小米公众账号收到了400万条消息，有20多万人参加了微信互动。

3. 约60%来自小米官网、论坛以及电商渠道转化。黎万强称，在电商渠道中，企业要善于拆解自己的业务流程，看哪些环节可以和微信结合，引导用户在购物过程中关注小米公众账号。

值得一提的是，小米从未把微信当作一个销售渠道，而是作为客服平台。黎万强说："在摸索了一个多月以后，我们认为微信具有很好的服务属性，加上微信本身具有很强的私密社交属性，所以，我们决定将微信定位为我们的客服平台，帮助小米提升 CRM 管理（客户关系管理）。”

小米

不同于微博，微信作为纯粹的社交工具，商家、媒体和明星与用户之间的对话是私密的，不会公之于众，因此亲密度更高，完全可以做一些真正满足用户个性化需求的信息推送。在某种程度上，可以说微信是强制了信息的曝光，前提是你先上了“贼船”。微信公众平台的信息均到达率是 100%，还可以实现用户分组、地域控制在内的精准消息推送。这恰恰正是商家的营销人员喜欢微信的理由：只需把精力花在更好的文案策划上，而无需不胜其烦地进行推广运营。这样，微信公众平台上的粉丝质量要远远高于微博粉丝，只要控制好发送频率和发送内容的质量，商家一定会收到出人意料的营销效果。

下面给大家推荐 2013 年最具实用性的微信公众账号。

1. 最实用的美食篇

大众点评团的上榜理由：身陷年底加班大潮的上班族们，周末怎能不好好犒劳自己一下呢！不用冥思苦想了，你可以打开大众点评团的微信公众账号，离你最近的美味日式料理，刺激的香辣蟹，热乎乎的韩式火锅等美食都在向你招手了！选定团购的商家、套餐后在地铁上直接用微信支付下单，出了地铁站到店就可以坐等开吃了！

太平洋咖啡（中国）的上榜理由：春困夏疲秋乏冬好眠，一年总有那么三百多天想要来杯咖啡提提神的你，或许正想喝一杯太平洋咖啡吧。作为微信上第一个完整的O2O闭环雏形，太平洋咖啡（中国）的微信公众账号已接入微信支付，白领缺觉一族们即使困得忘了带钱，永不离身的手机也能临场应急的。你可以直接在此购买咖啡电子券，然后根据指引前往其实体店直接兑换一杯香喷喷的咖啡，满身疲惫立刻一扫而光，你的工作效率可以迅速翻倍。

2．最实用的出行篇

7天会的上榜理由：微信与7天酒店合作后，大家去陌生的城市出差，微信发送个人的地理位置，就能获取附近酒店的信息。移动支付预订后，到店你就能直接住宿，住宿后直接用微信支付结算房费，全程自助省事又省心。

艺龙旅行网的上榜理由：少年们动辄就要来场说走就走的旅行，吃啥住哪怎么走都还没有弄清楚。马上关注艺龙旅行网，妈妈们再也不用担心你风餐露宿了！各地旅行攻略，各种好吃的、好玩的，艺龙旅行网微信公众账号有问必答，顺便解决你的住宿问题。

3．最实用的购物篇

快乐购的上榜理由：关注快乐购的微信公众账号，并绑定快乐购的会员身份，智能客服"狗小二"就能帮你查看当前电视直播的商品、搜索在售商品、查询订单详情、查询物流和积分等，24小时随时为你提供服务。你也可以零成本拥有一位"智能客服"了！

易迅的上榜理由：易迅的微信公众账号无疑是个标准的"男朋友"。每天在确定的时间默默推出优惠恭候你的光临；你买了东西他及时上报物流动态；商品有问题你动动手指他立刻帮你想办法解决。

4．最实用的理财篇

华夏基金的上榜理由：小夏听起来像是一位美女的芳名，实际上这是华夏基金的微信公众账号的昵称。在基金业中，作为首家推出微信理财服务的微信公众账号，华夏基金活期通存取非常便捷，还可秒查收益、净值、交易和分红。

2013年6月，微信产品总监曾鸣在腾讯“把脉”沙龙上首次对微信公众平台表明态度：微信不是营销工具，视公众账号为营销渠道的做法行不通。此言论一出，立刻引来各种争议。有人说，“张小龙勿过早给微信公众平台下定论”，甚至有人说：“卖萌可耻！微信公众平台说自己不是营销工具，晒存在感吗？”

商业化必将是微信的转折点。微信必须在“失控”与控制中平衡、博弈。推崇《失控》的张小龙对技术与人的关系同样有着哲学式的思考。关于微信的“核”，张小龙说：“微信就是消息系统，它的核心就是人和信息，他们在系统里流转。”所以，微信的开机画面永远是一个星球和一个孤独的人，孤独的人类个体，沟通是最本质的核心需求，微信可以满足这个需求。

目前公众平台上有几十万的公众账号，3万的认证账号。但所有在微信公众平台上玩过一段时间的人，都会有这样的感受：微信公众平台的互动能力非常强大。张小龙对产品有完美的追求，同时他希望使用这个工具的人也能完美地运用它。

已经有很多用户表示：微信朋友圈好比一大碗鸡汤，开始“微博化”。连朋友圈都这样了，用户体验开始变差。那么，当人们潮水般涌向微信平台，带来各种铁铲、水桶在3亿多用户中淘金时，微信平台还会是当前用户感觉良好的通信工具吗？微信商业化过程中必然有很多技术产品与商业的博弈，如何在商业价值与用户体验之间达成平衡？

微信其实正处在一个转折点上，对腾讯而言，控制得好，微信将继续高速成长，如果对平台监管失控，用户体验下降，用户的流失同样会很快。

商业化的微信，需要慢慢走，需要在用户体验中一步步前行。使用微信公众平台的人，同样需要理性。

消息推送，微信的致命武器

微信公众平台是一个可以向用户推送消息的工具，而且是免费的推送工具，这对商家来说无疑是最有价值的东西，但话又说回来，天下没有免费的午餐。免费的消息推送工具固然好，但必须了解其功能特点，并在此基础上不断摸索才能收到更好地推广效果。

先了解一下微信公众平台的消息推送功能的特点。微信消息推送通过用户分组和地域控制，实现精准的消息推送，直指目标用户。通过一对一的推送，品牌可以与“粉丝”开展个性化的互动活动，提供更直接的互动体验。

互动式推送微信是一种精准营销，一对一的推送比较适合客户服务。由于微信具有一对一交流和语音、视频通信的特性，因而从理论上说微信适用于客户服务，但目前微信上能用于客户服务的功能是比较简单的，暂时不适合大规模应用。微信的一对一推送，使品牌与粉丝可以进行更多的互动。主要的理由有两点：一是推送微信的精准度；二是微信推送的私密性，可以根据用户的个人情况选择适合的推送内容，以增加用户的黏性。

此外，商家还可以进行销售促销，因为销售促销推送的是具体的产品信息，所以，一对一的精准推送非常具有优势。当品牌以产品的销售促销为主要营销目标时，开一个微信公众账号是最好的选择，关注了品牌主页的微信用户一定是有效的潜在客户，集中在一起便于管理。

成功案例1：

在微信公众平台的运营中，最成功的典范是星巴克。当用户添加“星巴克”为好友后，可以用微信表情表达自己的心情，星巴克会根据用户发送的心情，用《自然醒》专辑中的音乐回应用户。他们利用微信（以及线下的上千家门店）完成了大量的品牌与用户的互动，有很多项目都给用户留下了深刻的印象。星巴克充分利用了一对一传播的优势，将自己的促销活动有针对性地推送给用户，其中加入的很多互动元素得到了良好的反馈。比如：星巴克曾在春节期间通过微信分享当日的点单优惠，线下门店也全部同步配合，出色的执行力成就了线上线下的互动，最终使用户在趣味中得到了方便和实惠。

成功案例2：

互动式推送，可以说是微信的致命武器。由于是微信推送，这些官方微信推送给用户的信息的到达率是100%，这样就可以更好地用它进行营销。加“IT茶馆”为好友后，根据提示即可开始答题，回答对题目进入下一题。如果是首位全部通关者，会获赠价值200元的手机移动电源。

商家想要成功地进行消息推送，需注意以下两点：

1. 推送的消息要有较强的可读性和趣味性。用户多数是在相对轻松的状态下，在不确定的生活环境中利用零散的时间使用微信的，他们需求的不是一板一眼的枯燥信息，而是可读性、趣味性较强的信息。因此，商家必须增强推送内容的可读性和趣味性，否则用户会因信息的枯燥无趣随时取消关注。

2. 推送的信息要适量，并选择好推送时间。如果推送被滥用，将会给手机用户带去严重的影响，干扰其正常的通信联络。另外，推送会耗费流量，过量的信息会给大多数移动互联网用户带来额外的费用。对于推送时间，商家应从用户的角度考虑，尽可能根据目标用户的需要而定，避免给用户带来不必要的麻烦。

烂笔头不如“二维码”

二维码是一种信息的表现形式，用某种特定的几何图形按一定的规律在平面（二维方向上）分布的黑白相间的图形记录数据符号信息。微信二维码是腾讯开发出的配合微信使用的添加好友和实现微信支付功能的一种新方式，是含有特定内容格式的、只能被微信软件正确解读的二维码。

随处可见的二维码

手机使用的私密性和微信粉丝关系的脆弱性特征，对微信账号粉丝的黏性是很大的考验，所以持续推广以增加新粉丝就显得尤为重要。如今二维码的广泛使用和认知，为微信账号的传播提供了绝佳的衔接介质。通过平面、户外、网络、印刷品等媒体可以方便地使二维码露出来，再结合诱因（如微信会员卡）就能比较简单地获得粉丝。这种与现有媒体捆绑的方式，可以将现有媒体的传播价值保留和延伸到移动互联网中，以沉淀新的潜在客户。

传统企业的运营是非常单一的，而且是非常机械化的运营方式。另一方面，据调查结果显示，在 线城市的一线商圈内，已有大概44% 的手机用户装有微信终端。因此，随着移动互联网和微信的不断发展壮大，将有 90% 的用户装有微信客户端。二维码在最大程度上诠释了“方便”的意义。

试想一下，当你在户外看到一个自己非常钟爱的品牌，但身边没有纸和笔时，你该怎么办呢？也许有人会选择编辑手机记事本或者向别人借用纸笔，或是临时记录在纸巾或手掌等一切可能记录的地方，但无论是哪种方式，都是非常不便或是尴尬的。二维码出现后就不一样了，只要拿出手机轻松扫一扫，所有信息一秒内呈现。以前总说“好记性不如烂笔头”，现在是“烂笔头不如二维码”，一键扫描登录浏览，免去很多不必要的查询步骤，能让我们在第一时间了解更详细的信息。

那么在这一过程中最核心的要素是什么呢？首先是二维码，其次是 LBS。微信的创始人张小龙曾说，“搜索框是 PC 的互联网入口，二维码是微信的互联网入口”。

实际上，二维码就是利用微信的消息触达能力为商家提供了一种更好的运营方式，而这种方式正体现了信息化技术与传统运营方式的本质不同。此外，高质量的关系链对企业的发展具有不可磨灭的作用。用户在线下扫描二维码之后，都可能成为影响朋友购买的“星星之火”。

现在二维码随处可见，网站、商品、促销单上。如果有了个人的二维码，就可以让别人扫一下加我们为好友了。那如何创建个人的二维码信息呢？这里就和朋友们分享一下。

在手机上打开微信，在菜单下的最后一项“我”中点击自己的头像，在这里面会看到一个二维码名片，点击二维码名片后会自动生成个人二维码。我们可以点击右上角的省略号，在下面可以更换二维码的样式，选择右上角的省略号下的保存二维码或者分享。保存的二维码可以直接发给别人或者挂在网站上，让别人扫描。

成功案例：

东风雪铁龙案例的亮点是在网络和手机上实现对汽车信息展示的双屏互动。作为东风雪铁龙品牌的重要战略车型，世嘉在国内上市不到 4 年的时间里，以纯正欧洲血统、WRC 冠军品质和高性价比赢得了众多消费者的青睐和追捧，成为国内最为畅销的主流中级车之一。

雪铁龙新世嘉发布后，车友粉丝们登陆雪铁龙官网进行互动，在互动过程中希望客户更多地记住并传播新世嘉。除了传统的活动宣传之外，在汽车类官网常有的壁纸下载一项里，雪铁龙也进行了创新传播。从网络到手机，潜在用户群体往往需要另存图片到电脑，再到打开手机软件存入手机的整个过程，过程的繁琐往往流失了大量用户。

雪铁龙新世嘉

浏览新世嘉图片的用户往往是潜在用户，通过一种方式的引导，快速将新世嘉的图片形象、文字通过二维码专递的方式快速投递到用户的手机中，以造成第一印象的感觉。先入为主，让新世嘉先在用户的手机里生根，接着加深印象，提高成单率。在活动执行过程中，快速通过二维码实现双屏互动，是最大的亮点。数以万计的用户通过扫码双屏互动，迅鸥互动的云服务起了很大的推动作用。

走进“朋友圈”

“你玩过微信吗？你的微信号是多少，摇一摇，我加你。”这两句看似平常的问候语，有没有想过它背后的一些东西呢？也许你已经感觉到了：企业之间的竞争已经从传统互联网转移到了手机端。人们正从 PC 上解放出来，只要带上手机就可以随时随地通过移动互联网做生意，这就是微信带来的商业革命。

很多人都不会用新浪微博，而朋友圈的目的是要让每个人都会用。如果想达到这个目的，就一定要把门槛降到最低，降到即使是一个农民也会用。这种挑战的难度其实是非常高的。

通过“朋友圈”，我们可以方便地了解朋友的动态，加深自己与朋友的亲和度。打开“朋友圈”界面，点击“朋友圈”入口，界面跳转后就能看到好友上传的照片和相关的评论了。用户还可以对好友上传的照片进行“评论”或“赞”，使朋友之间实现一种无形的互动。用户还可以将图片、视频转发给其他好友。

现在的商家只要通过微信开放平台提供的接口，就可以将自己的信息推送给用户。当然，想借助“朋友圈”的功能来扩大影响，商家还需精心打造自己的信息内容，以引起用户的注意。商家应该认识到，大部分用户是不会吝啬与自己的朋友分享有价值的信息，众人“接力棒”的宣传方式，将会为商家带来巨大的收益。朋友圈的价值被更多的人发现了。它的价值到底有多大呢？我们先来详细分析一下。

首先还是信息曝光率的问题，远远超过微博。我们在朋友圈发一条消息，基本上会被 80% 以上的人看到。微信的好友都是基于朋友的关系，更容易获得信任。在互动方面，朋友圈也会超过普通微博，与 QQ 空间差不多。QQ 空间更多的是适合于桌面端，而微信朋友圈在移动端则有更明显的优势。从推广产品的角度来说，微信朋友圈的效果比 QQ 空间好得多。比如，我们在朋友圈委婉推荐了一款产品，需要的人可以马上留言或者发消息给微信主进行交流，而 QQ 空间要相对独立。

最重要的一点还是可以被无限的人添加为好友。目前个人微信可以加多少个好友尚不清楚，但可以肯定的是被无限的人添加为好友，与QQ的单向好友一样。到这里，朋友圈的价值大概已经清楚了。

成功案例 1：

2013 年 5、6 月份，如果你正在刷微信朋友圈，那么你的朋友圈很可能会被一款游戏攻陷，这款游戏就是疯狂猜图。疯狂猜图在前期成本不到 10 万元的情况下，创造了上线之初日增用户 30 万人、上线 1 个月下载量超千万次的成绩。对于这样一款游戏来说，它创造的增长速度简直是一个奇迹。

疯狂猜图其实是一款非常简单的游戏。进入游戏后，系统会提供一张图片，再给出 24 个待选汉字或字母，用户需要在答案框里输入正确答案。如果猜不出答案，用户可以选择用金币获得提示，也可以分享到微信朋友圈向好友求助。

事实表明，最后一个分享到朋友圈的动作对疯狂猜图的爆发起了不可替代的作用。将游戏分享到朋友圈求助，朋友圈的朋友打开后下载成为新用户，新用户遇到困难再次分享到朋友圈吸引新用户，这样传播下去，链条源源不断。由于微信关系，大部分微信用户是较为信任的熟人关系，因此疯狂猜图借助微信实现了爆发式的增长。

疯狂猜图的成功证明了朋友间的口碑传播依然是品牌传播最重要的力量。

成功案例2：

2013年8月5日，微信5.0于苹果商店上线，这一版本或许是微信发展史上最重要的一个版本之一。为了防止公众账号对普通用户的骚扰，微信将公众账号分为订阅号和服务号两类，与此同时，微信官方开始大力提倡企业微信公众账号做服务而非营销。南航作为服务号的代表从中脱颖而出。

2013年1月底，南航微信发布第一个版本。随着功能的不断开发完善，机票预订、办理登机牌、航班动态查询、里程查询与兑换、出行指南、城市天气查询、机票验真等等，这些通过其他渠道能够享受到的服务，用户都可以通过南航微信公众平台来实现。到4月25日，南航微信用户达到20万人，其中有2~3万人通过微信绑定了会员卡。绑定后，用户还可以直接通过微信获取里程查询、里程累积等会员服务。南航并没有用营销而是用服务实现了粉丝的快速增长，在之前这可是没人预料到的。

在微信公众平台刚刚发布的一段时间里，微信营销甚嚣尘上，而微信5.0的发布算是让大批热血沸腾的营销人士冷静下来。南航、招商银行、大悦城等一批服务性微信账号的成功，展示了不同以往的营销方式——借助新媒体做好服务——服务即营销。

微信朋友圈营销的成功，意味着从传统媒体时代到新媒体时代的变迁。

自定义菜单，微信的轻 App

长期以来，受到了如此多商家和企业追捧的“自定义菜单”究竟有多大的价值呢？其实在商界，这是一个非常火爆的话题，因为微信的自定义菜单的确产生了一些能够颠覆传统的功能和效果，使传统模式难以企及的效果轻松获得。

自定义菜单是在 2013 年 3 月 25 日微信公众平台升级后正式开放的 Api。自定义菜单可以使开发者实现个性化的菜单定制，在微信底部的对话栏中提供菜单选项，用户单击菜单中的选项，可以调出相应的回复信息或网页链接。如果说之前微信公众账号的自定义回复的互动让它向 App 迈进了一步，现在借助自定义界面，公众账号已然是一个微信端的轻量级应用。

自定义界面使公众账号大幅提高了交互的属性，公众账号从而可以直接在页面上显示内容分类，用户也只要点击菜单就能轻松获取内容，无需输入指令。先一起来体验一下自定义菜单吧。

1. 它的入口在 高级功能—编辑模式—自定义菜单—设置。在公众账号微杂志后台（微信号：weixinzazhi），可以看到新增加的设置选项。首先进入高级功能的页面后，底部有一个自定义菜单栏。

2. 点击设置后，进入下一级页面。设置好栏目后，可以发布相应内容。目前，美中不足的是，最多可以创建 3 个一级菜单，每个一级菜单下可以创建最多 5 个二级菜单，远远满足不了微杂志内容多的需求。不过，总算是前进了一小步。

3. 设置好后，可以点击预览，会出现一个手机界面看到设置效果，然后点击发布，所有用户就可以在24小时内看到菜单式的微杂志了。点击选项中的二级菜单，便可打开对应的微信消息。

需要注意的是，公众账号调整并发布自定义菜单之后，旧订阅用户将在24小时生效，而新的订阅用户将会即时生效。

目前，普通用户可以通过先开启编辑模式中的自定义菜单功能，然后按需设置菜单和菜单项对应的动作；具备开发能力和服务器资源的开发者，更可以通过开发模式中的自定义菜单开发接口，更灵活地使用该功能。

自定义菜单最大的优点是减少了用户的认知门槛，可以将公众账号里的重点信息入口直观暴露给用户。当用户进入公众账号之后，可以一目了然地浏览相关服务，只需点击，不必通过一系列的命令行交互，或者简化了命令行交互的方式，提供了更低门槛的入口。值得一提的是，微信的自定义菜单接口的开放，向企业传递了一个信息：每个微信公众账号都会成为一个独立的具有完整流程与体验的App。

我们可以这样理解：微信自定义菜单Api的开放，必将引起移动电商和自媒体的强烈反响。移动电商完全可以通过自定义菜单搭建一个基于微信的服务平台，对用户进行分类推送，变成一个便捷的移动导购平台；而自媒体会更愿意在微信上分享传播信息的快速，而且这无疑会对阅读类的App产生强大的冲击，令人兴奋的是目前这一切都是免费的，当然这些功能以后或许会按需收费。

不过，微杂志至今已推出了197期书影音，53节微信小说连载，下一站旅行也推出了几十期。目前自定义界面只支持两级菜单，对微杂志来说，这种设置还远远满足不了需求。

我们有理由相信，虽然目前微信的自定义菜单还很初级，但随着微信的进一步发展，它将有可能颠覆现有的阅读类App。基于微信的阅读类轻量级 App，将会如春笋般冒出来。

成功案例：

今夜酒店特价市场负责人James（王亮）透露，在"今夜酒店特价"公众账号推出自定义菜单后，当天就收到了很多粉丝的回复，称赞这种方式"很酷"，而且用户的互动量比平时多了5倍。王亮说："自定义菜单带来的最大改变就是，对用户而言，微信公众号本来是一个黑匣子，现在变亮堂了，用户知道大致能做什么，不会错过有价值的东西，而且用户的好奇心会推动他们与账号的互动。"

有趣的是，今夜酒店特价的自定义菜单原本是按照酒店、活动以及娱乐来规划出现次序的，结果发现用户点击最多的是娱乐栏目。"用户并没有按照我们设定的思路来走，这也说明我们应该好好谈论微信轻 App 与 Native App 的定位分别是什么。"James 说，"目前并不想把公众账号作为订酒店的渠道，而是要往 CRM、客服以及做内容的方向延展。"

据 James 介绍，目前用户使用微信快速订酒店的需求确实存在，但量级并不大，有些有几十万粉丝的公众账号一天也只有几百来张订单。"未来我们考虑将微信作为 Native App 的延伸，订酒店的时候用 Native App，体验最好，销量最高，但用户在去酒店的路上、睡前等碎片化的时间都有一些交互需求，这要用微信公众账号来满足。"James 举例说，"如果让用户拍一张酒店的照片并用微信发送，就可以大大减轻后台审核用户是否入住的工作量。此外，微信公众账号还可以提供睡前音乐小曲等内容。"

2013 年 3 月 18 日，微信公众平台正式对企业机构开放自定义菜单的接口内测，而现在已经有一批微信公众账号陆续开通了自定义菜单功能，其中不乏旅游、传统餐饮、杂志网站等不同领域的微信公众账号。

目前只有极少的公众账号在测试自定义菜单的功能，甚至微信官方还没有想好怎样向商家开放这一功能。不过，微信公众账号的表现形式会逐渐变得多元化。我们可以假想一下，微信的自定义菜单加上移动支付功能将会产生什么结果呢？例如：某家医院的公众账号可以内置"预约"或者"挂号"的选项；某家饭店的公众账号可以在微信中内置"订餐"的选项，再发送地理位置给饭店，顺便再通过微信进行支付……

微信公众账号的用户享受服务的路径太长，他们必须先找到公众账号进入后，单击某篇文章或者通过查询找到文章后单击进入微信的文章模板，再单击阅读原文才能获得最终的服务，也就是说用户可能要经过三到四步甚至更多才有可能满足自己的需求。当然，自定义菜单可以缩短这个流程。对于一些企业来说，完全可以把需要突出展现的内容直接放到菜单上。比如一个电商卖家，可以设置一个菜单栏放置上市新品，设置一个菜单栏放置团购优惠，用户单击后直接进入购买页面，还可以设置一个菜单栏放置产品类目，直达每类商品。

自定义菜单的主要作用就是让用户降低信息获取的学习成本，使企业的公众账号表现得更加直观，信息传递更快捷。事实上，有了自定义菜单，你就可以把微信公众账号看作一个网站，你可以像浏览网页一样使用它。这样看来，自定义菜单的出现不用过度解读，它确实能给我们带来新的变化：一是微信轻 App 的优势逐渐突显，包括用户交互的提升、弯道超车的机会、开发成本的降低等；二是自定义菜单将促使更多的开发者思考微信轻 App 与 Native App 的差异化之路；三是自定义菜单可能会给更多的公众账号提供了丰富的展示形态、实现服务多样化，以及探索盈利点的更新的可能性。

第3章

玩转营销，赢得商机

微信营销是网络经济时代企业营销模式的一种创新，是伴随着微信的火热而兴起的一种网络营销方式。微信不存在距离的限制，用户注册微信后可与周围同样注册的“朋友”形成一种联系，用户订阅自己需要的信息，商家通过给用户提供需要的信息，推广自己的产品，从而实现点对点的营销。

大家都知道微信营销效果好，但这不是一切。有不少企业看到别人做微信营销取得了好成绩，自己便盲目赶潮流，结果是捡了芝麻、丢了西瓜。还有的企业误以为微信营销就是一切。其实，企业营销从来都是多元化的，必须打组合拳，才能招招见长，比如：线上线下营销、微博与微信互动、微电影与微信互动等。

微信营销来了

以微信、微博、微电影等为代表的新媒体形式，将帮助企业实现低成本、高性价比的微营销手段。首先了解一下什么是微营销？

微营销是以移动互联网为主要沟通平台，配合传统网络媒体和大众媒体，通过有策略、可管理、持续性的线上线下沟通，建立和转化、强化顾客关系，实现客户价值的一系列过程。微营销更强调"潜移默化"、"细节入微"和"精妙设计"。微营销的核心手段是客户关系管理，通过客户关系管理实现路人变客户、客户变伙伴的过程。微营销的基本模式是拉新（发展新客户）、顾旧（转化老客户）和结盟。

微博营销和微信营销都是微营销的具体方式，都能让企业和商家获得粉丝和关注，并通过这些粉丝产生效益。微信营销和微博营销有相同点，都是粉丝营销方式，但也有不同之处，微博的主要作用是宣传品牌，而微信具有管理客户的作用。

微信作为一种社交工具，在不知不觉中已经迅速渗入我们生活的每个角落，成为日常沟通不可或缺的一部分。但让很多人没想到的是，作为一种通讯工具、社交平台，微信除了能语音聊天、发送图片、与朋友分享生活状态、浏览新闻外，正逐渐变成一种创业致富的工具。当你渐渐发现一些好友突然每天晒起了高仿的品牌包、从国外买来的护肤品、推送新款服装和美食时，微信营销正以"晒"的名义悄然走进我们的生活。

微信正以出人意料的速度，创造了移动即时通讯产品领域的奇迹。随着微信的日益普及和用户量的不断飙升，越来越多精明的创业者开始将目光投向微信，开起了一家家微信小店，而微信营销掀起的浪潮更是席卷了餐饮、娱乐、车市等行业。

微信营销

微信营销是网络经济时代企业营销模式的一种创新，是伴随着微信的火热而兴起的一种网络营销方式。微信不存在距离的限制，用户注册微信后可与周围同样注册的“朋友”形成一种联系，用户订阅自己需要的信息，商家通过给用户提供需要的信息推广自己的产品，从而实现点对点的营销。

微信营销主要体现在对安卓系统、苹果系统的手机或者平板电脑中的移动客户端进行的区域定位营销。商家通过微信公众平台，结合转介率微信会员卡管理系统展示商家微官网、微会员、微推送、微支付、微活动，已经形成了一种主流的线上线下微信互动营销方式。

微信可以实现的3件事：

1. 让客户记住你。

2. 激活客户。

3. 发广告，但不要群发，而是有针对性地发。

微信的传播途径：

1. 朋友圈分享（文案、策划方案）→拓展人脉→多关注→赞（你怎么对别人，别人就怎么对你）→朋友转发（有奖转发）→发动群众战争。

2. 公众平台

（1）吸粉（粉丝数量、粉丝质量）。

（2）黏性（标题、文案软文营销）。

（3）成交。

自从微信公众平台上线以来，因其后台强大的文字、图片、视频的编辑能力，深受营销圈人士的青睐。公众平台发送的信息是在手机端查看的，这和短信营销一样，但我们可以简单地这样理解：微信营销就是短信营销的升级版。微信营销还有更多的功能和特长，是短信营销不具备的。微信营销具有以下优势：

1. 高到达率

营销效果在很大程度上取决于信息的到达率，这也是所有营销工具最关注的地方。与手机短信群发和邮件群发被大量过滤不同，微信公众账号群发的每一条信息都能完整无误地发送到终端手机，到达率高达100%。

2. 高曝光率

曝光率是衡量信息发布效果的另一个指标，信息的曝光率和到达率完全是两回事。与微博相比，微信信息拥有更高的曝光率。在微博营销的过程中，除了少数一些技巧性非常强的文案和关注度比较高的事件被大量转发后获得较高曝光率外，直接发布的广告微博很快会被淹没在微博滚动的动态中。而微信是由移动即时通讯工具衍生而来，天生具有很强的提醒力度，比如铃声、通知中心消息停驻、角标等，随时提醒用户收到未阅读的信息，曝光率高达100%。

3. 高接收率

微信用户已达4亿之众，微信已经成为或者超过类似手机短信和电子邮件的主流信息接收工具，其广泛和普及性为营销奠定了基础，那些微信大号动辄数万甚至十数万的粉丝。除此之外，由于公众账号的粉丝都是主动订阅而来，信息也是主动获取的，完全不存在垃圾信息遭到抵制的情况。

4．高精准度

其实，那些拥有数量庞大的粉丝且用户群体高度集中的垂直行业的微信账号，才是真正炙手可热的营销资源和推广渠道。比如酒类行业知名媒体佳酿网旗下的酒水招商公众账号，拥有近万名由酒厂、酒类营销机构和酒类经销商构成的粉丝，这些精准用户粉丝类似于一个盛大的在线糖酒会，每一个粉丝都是潜在的客户。

5．高便利性

移动终端的便利性再次增加了微信营销的高效性。相对于 PC 电脑而言，未来的智能手机不仅能够拥有 PC 电脑所拥有的全部功能，而且携带方便，用户可以随时随地获取信息，而这会给商家的营销带来极大的便利。

微信维系客户三步法：

1. 搜索同行业通讯录（百度文库、豆丁网、异业联盟转换、搜索软件）。

2.QQ 通讯录软件下载到手机，通过数据线导入手机。

3. 微信手机通讯录，加微信，通过二维码吸粉。

微信网店，喜忧参半

互联网时代无时无刻不给人们带来惊喜，也在不经意间改变着人们的生活。在网上开店、网上购物方兴未艾之时，无数个小老板借着微博蹿红的"东风"，开起了一家家微博小店，生意做得是红红火火。现在，微信又"接棒"，一种新的网店形式正悄然兴起。

商家关注微信营销

随着微信用户数量的飙升，微信的功能正不断升级，其中微信公众平台一经推出就备受关注，在吸引普通用户注意的同时，也吸引了众多商家的目光。一些商家已经意识到微信平台的市场潜力，纷纷推出了公众账号。

现在，只要你稍微留意一下，就不难发现许多商家在网站、报纸、传单、店内的宣传广告牌上都有微信广告。扫一下商家的二维码，你就可以轻松添加商家的微信号，商家的大量信息都在微信上，你不需要像以前一样上网查询。这对商家起到了营销宣传的作用，更方便了人们的生活。

赵先生一家刚吃过晚饭后，女儿就吵着要去电影院看电影。赵先生找到一家影城的微信公众账号，看了一下当天的影讯，又了解了影片的内容，就带着女儿去看电影了。

报纸、电视等传统媒体的广告费用不是一般小店能承受的，而微博、微信宣传却不需要花一分钱。卖了 4 年服装的王女士，一直利用微博为自己的店做宣传，现在又转移到了微信平台上。王女士说："微博上各类公众账号很多，所以你发的信息可能很快被刷掉。而微信用户几乎不会漏掉任何一条信息，有什么问题我会通过语音信息立刻反馈给顾客。"她的店在微信上盈利最高的时候，一天可达到 3000 元。

微信营销为什么会这么火呢？"使用智能手机的人越来越多，而大部分使用智能手机的用户都在玩微信，这是一个庞大的消费群体。"一位业内人士介绍，与微博相比，微信是点对点的私密交流，这种形式显然更受欢迎。当然，微信的互动性也是显而易见的。除了在线交流之外，微信还可以植入链接，点击后用户可以参加活动、浏览网页，甚至可以直接购物，互动性很强。与此同时，不少商家还推出了加微信、转发广告内容就可以参加赠送纪念品、抽奖等营销宣传活动。

草根老板热衷微信

"最早开始在微信上做生意，就是因为它没有什么门槛，注册一个账号后就可以开张了。"在微信上从事高仿奢侈品牌包销售的好好告诉记者。她的货源主要来自广州的厂商。一个月下来，她的包包盈利可以达到五六千元。除了像好好一样的专职卖家外，还有许多有正式工作、利用休息时间做生意的业余卖家。

目前在微信上开店的情况大致有两种：一种是卖家在淘宝等电商有店，微信只是一个辅助的展示平台，最终还是要把消费者引到自己的淘宝店铺中，具体交易还是在电商平台上完成的；另一种就是只依托于微信发布的商品图片，交易和付款方式由买卖双方协商完成。

第二种方式往往更受一些"草根老板"的欢迎。因为如果在淘宝等平台注册店铺，不仅需要通过支付宝实名认证，还要发布 10 件以上的商品并通过开店考试等流程，甚至需要缴纳保证金。而在微信上，只要注册一个账号就可以做生意了，剩下就要靠自己的本事了。有的微信店主甚至连拿货成本都没有，只要找到相应的厂商提供货源和商品的图片。当顾客下单后，便把厂商要求的金额支付给厂商，再由厂商直接发货给顾客，剩余的部分便是微信店主的营业收入了。

朋友圈里的信任感

微博谁都能看到，像很多人路过广场一样，却不一定会为你停下脚步；而微信则更私密，像你的熟人来你家做客一样。

微信是基于熟人圈子的社交工具，用户会产生一种自然的信任感。微信里的海外代购，更是依靠这种浓浓的人情味在朋友圈里获得好的口碑，靠交情做生意。

刚毕业不久的小李就通过在国外的同学做起了品牌护肤品代购，货源主要来自韩国。小李说："好朋友都出国读书了，多数女性朋友都喜欢买护肤品，平时没事就在微信里讨论，看到有人在微信上做代购，我也打算尝试一下。"

小李每天都会在微信的朋友圈里发一些护肤品的图片。由于代购的护肤品都是从国外直接发货，质量有保障，价格也比商场低。小李说："起初都是亲朋好友让我帮忙买，效果好自然就建立了好口碑，慢慢就有朋友的朋友加我的微信号，两个多月下来就有了100多个固定客户。"

坚持亲身体验每种产品，并把体验分享给朋友圈里的朋友。小李说："做微信营销不能让人产生做广告的感觉。接受产品的人，首先是认可我的人品的，彼此建立信任感才行。"护肤品从国外寄到了，她先拍个照片告诉大家，时常把与顾客互动的微信截图发出来，这样都能增近人们之间的信任感。

过度透支关系被屏蔽

在微信上卖家做得风生水起，但也不是所有人都买账的。在一家公司上班的小廖说："每天打开微信，本来是想看一下朋友发的新鲜事，可是一打开朋友圈，满屏的销售广告，真是让人厌烦。我现在只能直接告诉朋友，我把你屏蔽了。其实，这些在朋友圈里做营销的朋友自己也觉得难为情，但是他们也没有办法，直接告诉他们倒是也能理解。"微信店主们在尴尬之后，不得不依然上传商品广告，否则小店就要关门了。

很多商家也开始意识到了这些问题，一些比较大的商家已经放弃利用朋友圈或者微信"摇一摇"的功能主动搜寻顾客，而是把主动权交给了顾客。加了以后，商家发微信也有一定的克制。一家餐饮店的老板说："我自己对在微信上过度营销也非常反感，所以一个月下来最多发两条与餐厅有关的美食信息到朋友圈，而且很少提到价格和优惠。"

莫让"微信"成"危信"

微信在改变人们生活方式的同时，"门槛低"的微信广告也给监管部门出了一道难题。

有的店主为了开拓更广的消费市场，并不满足只做熟人的生意，还通过微信推出的"查看附近的人"、"摇一摇"和"漂流瓶"等功能，把自己的买卖推向更多的陌生人。在微信上的生意做得风生水起之时，一些骗子就趁机浑水摸鱼。骗子们发出的购物链接网址，打开后的网页实际是付款即时到账页面。当买家付款后，对方能立刻收到货款，然后迅速人间"蒸发"。还有的骗子直接发出一个"钓鱼链接"，骗取买家的网络支付账号和密码，盗空其银行卡里的全部存款。

工商部门的工作人员说："微信里含有大量的私人交流信息，微信广告又缺少明显的标志，在传输过程中难以被识别。"这种上当受骗的案例调查取证起来难度非常大，实施行政处罚应由违法行为发生地管辖，但微信广告不受时间、地域的限制，受众常常并不局限在一个地区，所以提醒消费者购物时必须提高警惕，尽量不要向陌生人购买商品。

先树品牌，再谈赚钱

品牌与营销实战专家荣振环老师

荣振环老师，是品牌与营销实战专家，多年为企业提供品牌战略、营销策略、企业文化的咨询和培训，著有品牌建设实战指导书《品牌建设10步通达》、低成本营销策略指导书《花小钱办大“市”：低成本营销术》，其图书作品得到叶茂中、李光斗、赵民、舒国华等营销咨询圈内许多好友的肯定。

荣老师常年从事营销战略、品牌战略、企业文化、商业模式等咨询项目，为企业提供创新的咨询方案和培训服务，培训和咨询过的企业超过上百家，在业内树立了良好的口碑。下面是荣老师写的一篇关于微信公众账号的文章《微信公共号日涨100粉的关键技巧》，下面节选了部分内容，大家可以学习和借鉴他关于微信营销的一些观点。

最近和很多企业人士聊到微信公共号运营和营销推广。我发现，大家都对微信非常重视，有的企业甚至推出n个公共号，抽调专门人手系统运营。我还有几个朋友的公司派出团队学习微信营销。

无奈市面上充斥着大批量的伪专家、伪大师，自己看了几天说明书就来讲微信营销。或者先前微博运作得不错，就把微博那套思路改装成微信营销课程。可是，当你关注他们的微信号，内容粗制滥造不说，基本上还都是网络摘抄语录式运作，更有甚者，压根就没发什么内容。这种人拿着微信说明书，教你摇一摇、扫一扫、发文到朋友圈、如何批量添加好友等基本操作，却冠以微信总裁营销班。这是在挑战人类的智商吗？

我的一个朋友上了某讲师的微信总裁营销班，在聚会上不断向我吐槽，说他自己上去讲都比那个老师强。还有的微信营销讲师总拿小米、杜蕾斯、招商银行、凯迪拉克等知名企业的微信案例说事，教大家学习小米如何快速突破100万粉丝，我觉得那基本上都是扯淡。小米可以复制吗？

如果你觉得可以复制，试问：你原先微博有多少粉丝？你能够从微博导入多少？你有同城粉丝会吗？你有新媒体团队吗？……跟小米比，样样你都不具备，它的经验你能够复制吗？

对于微信，我个人非常看好，我经常讲，在移动互联时代，营销方式最为有效的只有一种，就是你是否进入消费者的手机。微信是目前企业进入消费者手机的最好方式之一。但是，大多数企业初期，不要妄想，一天涨上千甚至数万粉丝。

这不是微博的套路，很多微博加V用户都涮过底粉，或者借自身名气网罗一批关注者，粉丝之所以关注，不是你的内容真的有多牛，而是把你留着，多一个不多，少一个不少。

微信就不一样了。微信订阅号折叠后，多你一个，你又长时间不更新，你的内容又没劲，管你多大名气，干掉你是迟早的事。所以，运营微信订阅号，一定是内容为王的时代。在内容为王的时代，我今天结合我个人的实践教你干货，如何日涨100粉的基本技巧。

1. 公共号起名

首先，你的微信号注册，不要用随机制定的ID号，而要用一个比较容易记的拼音或英文。比如，我的微信订阅号是rongzhenhuan，就是“荣振环”的全拼。

其次，微信号起名的技巧是个性+品类。个性是独一无二的，强调你与别人区别的符号。品类是这个微信号是干嘛的。比如，我的微信订阅号是“荣振环微书评”。“荣振环”是个性，没人和你争抢你的名字。“微书评”是品类，告诉读者这个号是荣振环精品好书的读书评论。

2. 定位和价值

有了微信号，你要回答一个关注你的理由。微信号的定位很关键。尽管目前微信叫作“微书评”这个品类的就我一个，我属于抢占一个制高点和独特品类，但是未来可能还会有很多其他人也叫作“微书评”。那我这个书评必须有独特的定位，我不是所有书都评论的，所以在微信号介绍一栏，我告诉读者，我只点评品牌、营销、企业文化、互联网和移动互联商业和创新方面的好书。它的价值就是每天一本书，每天一本好书的精华书评，让你三分钟读完好书的核心精华。

因为我的书评经常是把好书精华通过自己的语言并结合实践总结出来，目的是让读者活学活用好书智慧，从而以最低的时间成本掌握好书的精华内容。这就是“非你不可的价值”，也是给了读者一个关注你的理由。

3. 微信号的心锚烙印和传播口号

我常和朋友讲，你要像规划产品或者建设品牌一样来规划你的微信。因为从某种意义上讲，微信号就是一个产品、一种信息产品。这种产品有助于你提升品牌形象、传递品牌信息。它应该成为人们手机里面某项功能的伴侣。比如，你讲冷笑话，那就是逗人开心的功能号；你讲健康常识，那就是教人保健养生的功能号；我每日评本书，那就是帮人读好书的功能号。

这些都是简单的功能描述，更重要的是你要有植入消费者心智认知的语言。比如，我在微信号消息自动回复上写了一段话，这段话既是价值的呈现，也有打动书友心灵的关键语句。这段话如下：

"在为企业服务的过程中，荣老师每年读数百本书，希望通过微信平台，把好书的精华内容结合策略以最接地气的方式分享给各位朋友。

我们都知道二八定律，20%的思想决定80%的价值。一本好书，阅后收获50%已经不错。荣老师旨在找到一本书20%的20%，即4%的内容，帮你以最少的时间收获那64%的精华价值。"

这里面，4%的内容64%的价值就是关键语句，即我们要找到4%，撬动一本好书一半以上的精华价值，这就是每日三分钟，智慧在心中。于是，我们的口号是：好读书、读好书、读书好；每天一书，人生不输；让读书改变自己，自己来改变命运。

上面这些描述，就在读者心中建立了一种心锚，了解我们是讲干货的。其中，在口号环节，我们重点突出了"每日一书，人生不输"。要知道，每天一本书很简单，坚持每天一本很难。任重而道远，但我们坚持认为"每天看一本书，一年就能与别人有365本书的差距，这个差距也许就是人生的差距，因为知识会重新赋予你新的视野、格局和眼光，最终将重新定义你的人生和命运"。

记住，当你的微信号有了打动人心智的语言和易于传播的口号，用户就会长久地记住你的价值，你的图文打开率才能居高不下。因为阅读你的微信内容就是收获价值，反之，就是价值损失。

4. 微信号的内容经营

有了前面这些理念和内容，下一步就是紧紧围绕定位和价值进行微信号内容的创作和设计。

为了让内容更有条理，我建议朋友要做成系列或者主题。比如我的号：荣振环微书评，我先分享品牌必读十本书，然后又分享营销必读十本书、移动互联网必读十本书，未来还有社会化媒体必读十本书、企业文化必读十本书、网络营销必读十本书、微信十本书精华等等，目的是让读者按照一种知识结构和体系进行分类学习。

至于书评的标准，一定要有价值，记得我们前面提到的4%吗？我们要找出每本书最精华的内容，以更落地吸收的方式呈现给书友们。这样，这些分类形成系列的书评就能够长期抓住书友们，做到只进不出，也就是基本上不掉粉。因为我们坚持要做到，不关注“荣振环微书评”，一年你就有365本好书的损失。所以，对于所有微信订阅号，你的内容一定要有价值。

我记得微信创始人张小龙说，如果一个特性不能让人兴奋，不如不做。我认为好的微信号应该“如果一篇图文不能带去价值，不如不写”。

5. 微信号的传播与推广

当微信号有了一些精华内容后，再开始全面铺开传播。记住，微信营销是内容营销，每一篇图文都是你传播的载体，只要写得好，就有人转发，转发就带来传播。所以，你的每篇图文都要写上你这个号是干嘛的，提供的价值是什么，欢迎朋友转发给身边的朋友，让好内容得到分享。这会在微信圈里进行扩散传播。

另外，你要从互联网上进行导流。比如，我做的是微书评，我的目标对象是喜欢读书的朋友，我除了在我个人的网络专栏和博客上发布这些书评，同时也经常把好的书评发布在豆瓣、栖息谷、百度文库和爱问文库等目标对象扎堆的地方，这样会吸引更多粉丝的关注。

此外，我格外关注热点畅销书，以内畅销书关注的人就多，于是，我没事就庖丁解牛一本畅销书，分享给荣振环微书评的书友们，也会把这篇书评投入到网络媒体，很多情况下，一篇书评就会给我拉来很多关注。所以，你在你所在的领域，也要找到一些热点，进行捆绑式分析和点评，这样会收获更多关注。

总之，当你按照上述我提到的方式运作微信公共号，日涨100粉应该很轻松。但是，我要强调一个观念，微信的那一头不是粉丝，是每个拥有手机平台活生生的朋友。他们关注你，你就要尊重他们的关注，你就要提供价值。那些天天想着促销、广告、活动拉粉的人，即使你懂得日涨100粉的技巧，但你不懂价值营销，总有一天也会掉得所剩无几。

企业只有脚踏实地，扎扎实实做好内容的价值，配合上述运作技巧，才能做到粉丝持续增长，黏性越来越强。

微信被企业当作一个销售平台，其实目前来说这并不是最好的方式。如果把微信作为一个销售平台，那么微信公众账号也只能算是一条销售渠道，但在现代化的社会里营销方式从来不稀缺。微信可以作为一个打造品牌的平台，塑造并提升影响力才是合理使用微信的最佳手段。

营销上有一个著名的“鱼塘理论”，微信公众平台就相当于这个鱼塘。微信公众账号的运营有哪些基本的原则和规律呢？现在结合实践经验，我们总结了以下8条。

1. 内容定位——内容为王

内容的定位除了结合企业的特点外，更要从用户需求的角度去考虑，而不能一味地只推送企业自己的信息。企业应该记住一点：微信不是为企业服务的，而是为用户服务的，只有你的微信满足了用户的需求，他们才能更忠实于你，并成为你的朋友，接下来的销售才能水到渠成。要记住，能吸引用户的东西就是你的内容，推荐正是因为这个内容具有一定的价值，所以任何时候都是内容为王。关于微信的内容，还有一个“1+X”的模型，“1”是最能体现账号核心价值的内容，“X”则体现了内容的多样性，符合并满足用户的需求，增强内容的吸引力。

2. 推送消息——拒绝骚扰

目前，绝大多数的微信公众账号每天只有1次群发消息的功能，很多人都觉得太少了。一般情况下，每个用户都会订阅几个账号，如果推送的信息太多，用户根本看不过来。关于消息推送，需要注意两个方面：

（1）推送形式：指内容可以多样化，不一定都是一成不变的图文专题式，也可以是一些短文本，一般文本字数在一二百字左右，最关键的是内容能引发读者思考，迸射出思想的火花，收到良好的互动效果。比如在“新桥公关”的微信中，他们定期组织一些小调查，以短文本的形式向读者征求关于内容和推送时间的建议等。这样做收到了较好的效果，他们通过一次小调查经常会收到几百条用户的回复，这样既实现了互动，又深入地了解了用户，而用户也能看到自己需要的内容，可以说是获得了多赢的效果。

（2）推送频次：一周最好不要超过3次，次数太多不免有骚扰用户之嫌，最坏的后果可能是用户取消对你的关注。当然，推送频次如果太少，用户也会抱怨，感觉你的微信不过是个摆设，根本不会从你这里满足自己的需要。所以，推送消息的度一定要把握好。

3. 人工互动——沟通是魂

从本质上说，微信是一个沟通平台。沟通就是双方有来有往，所以人工互动是必不可少的。其实，时间一长，人们都会对设置“消息自动回复”比较反感，就像QQ里的聊天自动回复一样，让人感觉对方没有一点儿诚意。企业的微信公众账号要能做到适时的人工互动，如果不能做到这一点，微信就不好玩了。

4. 关键词回复系统——丰富易查

长期运营的微信可以积累丰富的素材。如果这些内容沉下去会非常可惜，那么建立一个丰富而易查的关键词回复系统就非常必要了，这是关键词回复系统的第一个功能。第二个功能是使用户更方便快速地找到自己所需要的内容，而且增强互动性。

目前微信的每个规则预设10个关键字，配备5条推送内容（随机推送），而规则只能设置60个，也就是说关键字可以最多设置600个，内容是300条。尽管这远远不能满足海量用户的个性化需求，但是如果能有效利用，还是能产生非常好的效果的。

5. 二次开发——强大的CRM系统

微信公众平台首页推荐的南方航空、招商银行信用卡等大企业的微信应用案例都经过了大量的二次开发，将微信公众平台和企业的数据库对接起来，实现了强大的客服功能，这正是微信公众平台最富有想象力之处。现在，有很多提供第三方开发的微信开发平台不断出现，可以提供看似丰富多样的各种应用，但实际上都是一些表面上的功能，装点门面而已。真正要与企业的业务行态做深度的定制开发，这也是微信开放接口的原因，因为他们无法派大量的人去做各行各业的定制开发。

6. 从线上到线下——怀念不如相见

现在很少有人提及微信的线下互动，但从沟通的效果来看，见面显然是效果最好的方法，也更容易拉近彼此的感情。从某种意义上来说，线上与线下活动的结合有利于提高粉丝的忠诚度，形成更鲜活、更接地气的内容，这样的微信公众号才能更真实、更具有亲和力。此外，微信如果只依靠自然增长用户会非常有限，线下活动是增加微信用户的重要手段。

7. 他山之石——对手是最好的老师

一定要保持开放的心态做微信。请记住：竞争对手是最好的老师。要主动关注竞争对手的微信，如果你关注了100个竞争对手的微信，就会有100个账号在教你如何做好微信营销。

8. 贵在运营——日久见人心

任何事你若想做成功，能一直坚持是非常重要的。微信营销不能只靠一招鲜，拼的是投入和执行力，在实践中长期坚持下去，并不断积累经验，培养与用户的感情，你的目标才有实现的可能。

关于微信营销的实战秘籍，每个人都可能有很多不同的理解，上述8条也不过是经验之谈，希望能给您带去一些帮助。

微信商业模式创盈收

或许你对“商业模式”这个概念早有耳闻，那到底什么是商业模式呢？简单来说，商业模式是指企业或者公司盈利和赚钱的方式，构成赚钱的这些服务和产品的整个体系就称为商业模式。因此，对于任何企业来说，商业模式都起到至关重要的作用。

二维码——不用说的“秘密”

二维码的应用有主读和被读的概念。在国外，二维码平台式服务指的是有一个平台来供你生成二维码，并在那后面附上图片、文字、视频等各种信息。在本质上，二维码的内容是指向一个地址。所以，二维码平台式服务属于被读领域。

而二维码在微信中的应用，是我们每个人的专属标志，是私密性的，但其可读性也不可避免地成为一个公开的秘密，并且将隐私和公开完美地结合起来。

浏览商家的官方网站，活动主题页面快速跳转，扫码即可浏览商家的所有产品和信息，使用户快速了解广告的所有信息。浏览商家的微博，省去输入查找的繁琐过程，快速关注，累积粉丝新渠道，时时浏览商家微博里新产品的动态。部分实体商城的商品一拍即买，手机上实现购物，无论实物商品还是虚拟商品均可一拍即购，多种支付方式使手机购物更为便捷，折扣券、积分大礼，扫码即有。

二维码应用具有以下三大优势：

1. 整合营销。二维码结合传统媒体无限延伸广告内容及时效；

消费者便捷入网，手机实时查看信息。

2. 即时互动。企业可发布调查、投票、会员注册；个人参与调查、信息评论、活动报名、手机投票。

3. 立体传播。二维码是移动互联网最便捷的入口，消费者时刻进行线上和线下的信息传播；社会化媒体传播的便捷工具。

客户关系管理工具

与微博不同，微信是一种非常强大的 CRM（客户关系管理）工具。以前我们的 CRM 工具以 email、短信、人工 call center（呼叫中心）为主，而现在则增加了微信。从某种意义上说，微信甚至可以替代前三种工具。微信的富媒体属性，可以使它变身为 email、短信、call center 任何一种形态。你可以发一条纯文字信息给用户，也可以发一篇附有照片和链接的文章给用户，当然你也可以直接发送语音和视频。无论是哪种形式，都取决于你的需要。品牌还可以利用微信进行客服，以前这大多数是通过 call center 来完成的。那场体验真的像噩梦一样，首先用户要祈祷自己的电话能够打进去，接着要忍受很长一段时间的自动回复（类似“国内机票请按 1，国际机票请按 2”），然后还要忍受一些说话不标准的接线员。而利用微信，一切都变得非常方便，你不需要等待什么，直接发文字或者语音给品牌的官方微信，用手机把发票、保修单、破损的商品照下来发过去，然后等着官方微信的回复就可以了。

微信公众平台还具有对用户进行分组的功能。你完全可以对订阅用户进行分组，这与 CRM 工具对客户的分类整理功能很相似。

让我们来看组数据：北美地区外包呼叫中心市场 2012 年预计 200 亿美金，中国外包呼叫中心市场 2011 年数字为 701 亿人民币，2012 年大约为 800 ~1000 亿人民币。如果微信能够替代 10% 的传统电话通讯，那么微信 CRM 呼叫中心就可以有 70 亿的规模市场。我们要考虑怎么对用户的语音以及文字沟通等内容进行数据分析和挖掘，形成用户行为以及用户习惯数据，更好地服务于微信企业。这块只有腾讯拥有庞大用户的聊天数据资源，这块客户数据服务、客户服务功能收费也是腾讯可以考虑的。

硬广告展示

这就是硬广告的形式了，微信可以充分利用庞大的用户流量进行展示。当然，腾讯拥有比较完善的用户资料，可以实现更精准的广告投递，可以按地区、性别、位置进行展示。

微信有以下几种展示形式：微信开启页、首页最上端的 banner 栏、朋友圈最上端的图文广告、好友（企业）推荐等。腾讯可直接按 CPM（Cost Per Million，网络广告专业名词，指广告显示 1000 次所应付的费用）等方式变卖广告资源，实现盈利。

微信 VIP

可以说微信 VIP 是针对普通微信用户的增值服务，犹如 QQ 会员一样，每月收取功能使用费。微信手机用户拥有 VIP 特权，可以享受诸如以下增值会员服务：信息推送不限制，目前微信公众账号基本都只能每天发送一条，有这项服务后每天可以增加到 5 条；个人微信可以上传个性化处理的照片和视频，比如新增微信硬盘、微信相册、付费表情；朋友圈功能设置（如字体设置展现形式）、享受投票等功能，比如微信好友分组、专属服务器、使语聊视频更顺畅等特权会员服务。

App 应用

微信上的每个公众账号都可以当作一个独立 App，我们可以不用下载安装繁琐的 App 应用了。微信现在根据需求可以开发接入各种应用。关注某些公众账号，可以实现查询天气、路况、违章、快递以及订酒店等几乎所有生活服务。之前这些服务，如天气预报、手机报等业务运营商是每月收取包月服务费的，现在它们是不是非常难过呢！享受各种应用同时，我们还能很好地实现与用户的互动以及 CRM 管理咨询。随着 App 以及 HTML5 的火热开发，势必会出现功能性的收费应用，特别是游戏应用。随着用户对微信的认可，微信已成为人们生活中必不可少的一部分，优秀的收费应用的出现将是双方需求的必然。

想赚钱就这样玩微信

腾讯公司董事长马化腾曾说：“最近在手机上有一些好的应用，打车、微信卖书、网络小说、自媒体等，微信成为从平台连接内容制造者和终端用户的桥梁，这些都是微信之前没有想到过的商业模式，是由用户自己创造出来的。因此，微信的商业模式会交给合作伙伴和个人。”这个消息，无疑使那些创业者对未来充满了信心和憧憬。

从最早出现的“微信上创业”遭遇种种质疑，到如今满大街的微信公众账号，甚至出现了专投微信创业的 VC(风险投资)，出现时间不过短短数月的微信热有如当年的淘金热。发展到现在，微信的出现给所有的营销者、自媒体从业者、IT 从业者等带来了无尽的想象空间，但凡谈及移动互联网必谈微信。几乎所有对微信有一些认识的人都开始越俎代庖地替微信操起心来，思考所及无外乎自媒体分成、游戏、O2O、CRM 等。其实，你赚钱的方法远远不止这些，现在我们就一起来谈谈用微信赚钱的途径，希望每个人都能从中发现赚钱的好办法，赚到属于自己的第一桶金。

1. 为微信提供个性化的增值产品

这个创业机会来自于点开微信之后会出现一些按钮。微信本身不以插件形式存在的功能有两个：放在主界面下方正中间的四个按钮，分别是微信、通讯录、朋友圈、设置；主界面右上角有一个魔法棒的图标。不过，微信一定会努力把这些按钮打磨得越来越精细，用户的体验也会越来越好。

随着微信市场的不断扩大，点开这些按钮后，会出现更多细分的按钮，这些会是不低于1亿美元的事。如果用户顺着按钮继续点下去，还会有很多千万美元级别的按钮由创业者来完成。那么，这些按钮将会以怎样的形式使创业者参与进来呢？最大的可能方式是供应商采购，少部分可能是外包。

创业机会参考模板、表情、皮肤、微信皮肤、动态头像、变声、视频编辑、地理位置伪装、数据分析、插件、搞笑表情等。

2. 应用开放平台

这个创业机会来自于以公众账号为通行证的应用开放平台。成为公众账号的粉丝后，用户可以阅读多媒体内容、查询有价值的信息、购买感兴趣的商品、参与数字娱乐和体验便捷的本地化服务等。其中，类似移动梦网模式的“内容出版与发行”适合被媒体用于用户的订阅阅读，被广告、公关和营销公司用于推广宣传，适合企业为忠实的用户提供最新的公告信息等，可以参考腾讯科技、冷笑话等公众账号。类似传统的呼叫中心、CRM、OA等系统可以对接、移植和扩展到微信平台上，甚至能通过各种接口延伸到硬件层面，实现物联网的诸多应用，可以参考如卡小二、印美图和招商银行信用卡等公众账号。

这里的品类之广、项目之多可以尽可能地去想象。受制于淘宝和百度的各行各业的创业者都能够参与微信生态链的建设并从中受益。创业机会可参考微团购、阿狸、微信外卖、订酒店、微信路况、美肤汇等公众账号。

3.App 体验版及流量入口

这个创业机会来自于手机App体验平台的便利性。微信可以成为很多手机App的体验平台，从而成为一个下载入口。有一些本身就是自己做App的人，通过微信来做一个导流量的入口。以前微博火热的时候，很多应用通过微博获得了很多免费的流量，微信也具有这样的功能。但是玩法会有不同，原来在微博上可能是通过营销，而在微信上，如果创业者做的是一个工具，现在可以让用户扫描二维码关注微信账号，在微信里体验产品的部分功能，然后就可以引导用户进行下载了。比如非常火爆的“微信路况”，其实就是车托帮App在微信上做的一个简易版，用户感觉好用就可以直接点击下载。当然你也可以直接做个App推荐的公众账号，在好的应用上多花些时间，隔三差五地向用户推荐，也会获得不错的效果。

4. 微信开放接口代开发或行业解决方案

这个创业机会来自客户多元化的需求。其实，客户的需求五花八门，关键是你如何满足客户的需求，并能黏住客户。比如，政府部门可以设定一个微信办事平台，学校可以建设一个微信版的家校通，医疗机构可以弄个微信挂号问诊，4S店可以组织微信预约试驾看车。总之，在微博上能做的事情微信上基本都可以再做一遍，而且由于微信的随身性、LBS、富媒体、实时性，无论是互动效果还是最终的结果都会远远超过微博。以学校为例，过去班主任通过短信平台只能发送文字通知，现在除了可用微信发送通知外，还可以用图片、声音、视频等发送班级生活的精彩片断等，更好地使家长了解到孩子的在校情况。

5. 垂直化或区域化的简易搜索

这个创业机会来自客户的生活习惯和对便利性的需求。比如，你现在到外地出差，想了解一下当地的风俗，是下载一个该城市的App方便，还是关注这个城市的公众账号方便呢？欧洲杯、世界杯举办的时候，你想知道最新的比赛进程，是下载一个欧洲杯的App方便，还是关注欧洲杯的公众账号方便呢？想查询某个航班的实时动态信息，是去下载非常准的App方便，还是关注非常准的公众账号方便呢？如果是使用密度不高的信息获取需求，你可以用百度、谷歌进行搜索，但未来更好的选择是关注一个公众账号。

6. 数据开放平台

这个创业机会来自于产品越来越重和满足亿万用户不同需求的矛盾，微信将会推出数据开放平台。所谓数据开放平台，是指在确保安全、稳定、快速的前提下，微信将把数据、数据关系和数据运算等向创业者开放。数据开放平台不是所有的创业者都能参与的，它对产品的品质和利用数据进行推广时的用户体验有非常严格的要求，而且平台越成功，要求也会越严格。游戏会成为种子和试点，率先接入开放平台。微信上有一款小游戏“青蛙跳跳跳”，游戏虽然很简单，但是玩的人非常多，游戏页面上有一个 App 应用推荐和公众平台推荐入口，这个可以说是微信游戏应用的起步。相信将来微信的账号授权机制出台后，会有更多优秀的 HTML5 游戏出现。

除此之外可以帮第三方做一些开发，做一些垂直行业的平台。原来的一些传统产业或者其他的互联网公司，把原来的东西通过微信简化做起来。这个是有机会的，现在已经有很多人在帮第三方开发一些简单的程序。一旦游戏接入立稳，微信就能在让 99% 的用户享受最痛快的免费服务同时，还能循序渐进地接纳新的创业合作者，逐步完善商业生态体系。这个案例暂时先参考国外的 Line pop（NAVER 打造的一款社交消除游戏）。

7. 品牌商家账号代运营及营销解决方案

这个创业机会来自于企业想尝试新的营销方式。某位微信营销专家已经在微信上挖到了自己的第一桶金。据这位专家介绍，之前帮助某国际汽车品牌做的运营方案的费用在百万级，以微信为主、微博为辅，两个月的时间该品牌的官微粉丝增加了十几万，从微信获得潜在客户一万人左右的资料，包括客户的姓名、电话、意向车型、预算等，客户感到非常满意。2013 年，某专家的公司已经拿到的年单中仅仅是汽车行业就超过千万。目前，微信公众平台已经有不少粉丝过百万的独立账号、粉丝过千万的账号集群，这些账号的粉丝基本上是依靠以前在微博上积累的用户转化而来的。这些账号的推广力度非常可观，而且因为在之前的微博运营中积累的经验和客户，在微信上依然可以出现新的增长点。

8. 移动电商平台

这个创业机会来自电商的不断发展。微信除了 O2O 业务之外，在传统的电商上也争取有所发展。将来一些淘宝卖家会用微信来做 CRM，接着会想直接在上面卖货。相信用不了多久，就会有不少企业通过微信平台而让卖家直接在微信上开店卖货。

企业应知的内容规划策略

微信的重要贡献在于将传统互联网中的朋友圈转移到了移动互联网，这有效地解决了传统互联网中朋友圈的固定特征，因为移动互联网能够实现随时随地的互动，因此营销价值要比传统互联网中的朋友圈更大，这也是微信营销之所以能吸引更多企业的重要原因。

企业进行微信营销，首先要了解微信中的主要好友来源，一般来说主要有三个渠道：一是来自于企业 QQ 上的好友，另一个是手机通讯录中的好友，还有就是来自参加活动认识的好友。企业微信即使通过专业团队运营，增加好友的渠道也不过是这三条，只不过在团队的运维下，能更有效地提高企业微信的好友数量，并通过朋友圈为企业赢得更多用户的关注。

企业要把服务号和订阅号区分开。订阅号主要来自于人际关系，而服务号则是把公司的相关产品扩展到移动终端。比如：公司销售某些产品，然后把公司的微信当作这些产品的售后服务平台或者售前咨询平台。但无论是哪种平台都会受到一定的限制，不过通过下面的几种方法可以适当优化一下企业微信营销的策略。

1. 企业只建立服务号，其目的就是为了向用户提供服务，将线下或者传统网络下的服务延伸到移动互联网端。当然，这些产品基本上都是人们日常生活中比较常见而且是经常用到的，这样的微信具有一定的吸引力，提供的服务也能得到用户的认可，比如：金融企业、国际知名大企业等。

2. 企业建立服务号同时，可让企业的所有员工同时建立与公司一致的订阅号，因为订阅号需要一个前提，就是需要建立一定的订阅数量才能被启动。当公司员工完成订阅号工作之后，此时公司里的每位员工就是一个订阅号，让每位员工在所擅长的领域建立相应的订阅号，传播与企业相关的内容，并转化到服务号上。比如：人才网站或者中小企业等都可以采取这种方式，但是这种方式需要专业的微信营销团队来运营。

3. 建设订阅号同时，还要建立与企业相关的 WAP 网站，这样就能实现企业所有员工的参与互动，将订阅号中的内容转化到朋友圈中，然后再利用朋友圈的影响力实现微信营销的最终目的。

企业的微信营销应以内容为主。如果内容具有实用性、趣味性、贴近性，并满足了粉丝分享的成就感和炫耀感时，可以说你的微信营销已经成功了一大半。对于具有以上特征的内容，粉丝们一般能主动分享，辐射到用户强关系链上的好友，促发更多基于真实关系的传播。

在提到企业微信营销的内容规划策略时，我们必须清楚用户取消关注微信公众账号的可能原因。第一，有垃圾信息或者广告。第二，提供的信息没有实用性。第三，没有创新。第四，提供的信息不足或者没有分量。第五，消息提醒不具人性化。第六，信息不准确。第七，内容篇幅过长。第八，信息的时效性不强。

当然，可能还存在其他原因，但其中最主要的原因是平台出现的垃圾信息或广告，引起了关注用户的强烈反感。另外，推送的信息没有实用性也是被取消关注的一大主因，内容没有新意，提供的信息不足、信息不准确等都是被取消关注的原因所在。用户更看重公众账号提供的内容，所以企业进行微信内容策划的关键是要提供优质、准确、新颖的信息，满足用户的需要，推送符合用户口味的信息。

对企业来说，企业微信发送什么内容，发送时间的选择，是否要与粉丝互动，使用何种措辞等都是需要认真考虑的。所以，在规划微信内容的过程中，对内容选取范围的限定要有所创新，只有这样之后的运营才能得心应手。在通常情况下，就企业微信来说，其内容规划大致可分为以下四步：

1. 内容定位

定位是在进行微信内容规划时首先需要考虑的，可以帮助企业认清自身的情况。在进行内容定位的过程中，企业需要结合原本做好的品牌定位总结出品牌的简单调性，即在品牌定位下目标消费者对品牌的看法或者感觉。比如：企业的品牌调性是“年轻无极限，给爱挑战生活、向往自由的你一片属于自己的天空”，那么品牌调性的关键词就是“年轻”、“刺激”、“自由”等。利用品牌调性，结合品牌自身的受众，我们可以总结出品牌的内容个性。该企业品牌的微信内容在风格上需要展示一个青春充满活力的形象，而在内容的选取上要适当倾向于分享一些积极向上的博文。如果企业有多个品牌需要规划内容，根据品牌属性对品牌账号进行分类，然后再进行关键词定位。

内容个性就是我们所要总结出来的内容定位，在后面的内容筛选中要结合内容个性进行有效的选取。企业的不同品牌所体现的内容个性可以有所不同，不同个性的品牌之间互动会增加更多看点，但整体风格还是需要依照企业的形象来设定。

2. 内容的选择

做内容营销的第一要务是必须了解客户，制定满足消费者需求的内容策略。简单地说，如果条件允许，你可以随时把满足消费者的需求作为发布内容的准则。

在做好企业微信内容的定位后，结合前面的定位，接下来就要对内容进行筛选了，制定相应的范围和标准。在一般情况下，发布博文是为了吸引用户的注意以增加其黏性和适当体现品牌的价值。不同的博文可以有不同的特性，企业可以根据博文的性质筛选出合适的内容。就微信内容而言，可以从以下 8 个方面进行筛选。

（1）关联性：内容和企业或者所处的行业具有一定的关系，同时适量加入品牌的价值信息。

（2）实用性：内容必须能给用户提供一定的帮助，比如信息服务、生活常识或者折扣信息等。

（3）趣味性：内容要有创新，不庸俗且具有吸引力，满足用户的审美需求。

（4）独特性：需要根据自己的品牌特点创造符合个性的内容，向粉丝展示品牌文化和传播品牌价值。

（5）一致性：内容需要连贯一致，尽量用单条图文把想要传递的信息表达出来。

（6）多元性：内容的形式需要多元化，可以选择图片、视频或者语音等各种形式进行发布。

（7）热点话题：我们知道了解当前的热门话题非常重要，拥有一定量粉丝的平台可以通过热点话题引导粉丝进行主动分享。

（8）互动性：经常与粉丝沟通交流可以形成长久的用户黏性，哪怕是一句简单的问候或者寒暄。

所以，对微信的互动来说，内容的筛选能起到非常重要的作用。内容只有体现价值，才能受到更多粉丝的欢迎和关注。除此之外，企业官方微信在筛选内容的过程中，应避免发布未经证实的内容、极具批判性且具有个人感情色彩的内容。人性化的官方微信也需要考虑企业的品牌形象，对于一些"踩过界"的内容即使能迅速提高品牌的曝光度也不要轻易触及，否则等待你的可能只有危机公关或者律师信了。

3. 编制内容

做好微信内容定位，确定了内容选择的范围后，接下来就需要对内容进行编制和管理了。系统化的内容管理机制有助于运营专员快速对微信内容做出判断、筛选和发布，同时也能大大缩短因层层上报这种繁琐的流程而浪费的时间。

其中，按照内容的来源方式，可以把微信的内容分为下面6种类型。

（1）促销活动型

这种类型比较适合代购类商品、男性商品、日常必需商品、快销商品、标准化商品，因为具有稀缺性或是必需品，所以不需要使用太多的技巧，直接进行推销的效果可能会更好，但也要警惕掉粉的情况，及时调整相关的内容和发送频率。如果你的企业经常有促销活动，那么这样的信息对客户来说就是垃圾信息，效果和影响不言而喻。如果是难得促销一次，那么这样的效果会比较好。

（2）信息播报型

这种类型的关键是发送的信息能否满足用户的需要。一般不建议发送这样的信息，除非是需求用户非常多的信息，如上新、预售、抢购、拍卖等。

（3）文艺小资型

这种类型比较适合小众商品、外贸原单商品、高端价位商品，是塑造品牌形象和品位的好方法。当然，这种方法的难度也是最大的，因为这样的优秀写手太少见了。以前有不少淘宝集市女装店，在店铺首页和商品详情页上写的都是描述店铺或商品的散文或诗词，然后客户的评价内容也是散文或诗词，店主回复评价的内容也是散文或诗词。这种情况真是奇葩中的奇葩，物以类聚、人以群分的完美验证。

（4）关怀互动型

这种类型比较适合老客户，比如发货提醒、生日祝福、互动小游戏等内容，如果加上一些优惠券，就更好了。

（5）专业知识型

这种类型比较适合户外、母婴、成人、电器、家居、内衣、保健、汽配等商品。因为这种信息的专业性较强，不是一般的日常生活知识，所以对内容的可读性要求较高，客户的接受度也高。

（6）幽默搞笑型

这种类型最适合成人类目商品，而且可与商品实现无缝对接。与情侣相关的礼品类目也可以通过此类内容收到较好的效果。

在规划好内容的发布时间后，企业对人员的安排需要给予足够的重视。大企业有完善的人力资源系统，可以在每一个环节都安排指定的人员进行24小时实时监控和维护，这里不进行详细的介绍了，主要讲一下小企业在人员安排上需要注意的问题。一般的企业，由于资源和资金都较为稀缺，所以在微信上的投入不是非常充足。但是，即使没有专业的运营团队，小企业也能玩好微信。比如：你的企业微信只有一到两个运营专员，你就必须合理地规划和安排。具体来说，有一个运营专员的企业要控制好运营的时间，用三分之一的时间规划和撰写内容，用三分之二的时间进行互动。如果有两个运营专员则可以进行分工，一个进行内容的规划和撰写，另一个则策划互动与活动，从而双管齐下，形成有效的内容互动与活动互动，增强粉丝的黏性。当然，如果你的企业即使是一个微信专员都没有，那就需要找人抽出一定的时间和精力安排微信的内容与互动了。

4. 内容推送

微信公众账号的后台可以获取用户的全部信息，并具有强大的用户分组功能，可按喜好、需求、地域、性别等不同的指标进行分组。这为新闻信息的分组精准推送提供了有效的渠道。

分组推送，即微信公众账号在群发消息时，可以选择性别、分组、用户所在地区等属性，或者根据消息的类型和地域进行有选择的定向投放，将消息发送给某一类用户。例如：涉及北京市的公共政策新闻，可能不会引起其他地区用户的关注，媒体就可以选择只向北京市的微信订户推送。一旦实现了分组推送，就能避免用户的信息过载，使媒体的各类信息资源实现最大的价值。

透析失败原因，免入营销误区

身在火爆的微信时代，企业开始做起了全民微信营销。虽然有太多的企业在做微信营销，但营销失败的例子不在少数。下面分析一下微信营销失败的原因。

1. 把微信公众账号当作微博使用

微信打败了微博，所以微信替代了微博，这样认为你就大错特错了。无论微信如何横扫一切，微信始终还是微信，微博也始终还是微博，不存在谁替代谁的问题。只能说微博是沉淀下来了，并不是没有人用了。微信与微博相比，起码有以下两个重要的区别：

（1）微信是"推送"信息，而不是"展现"信息。微信是发传单，微博是 LED 大电视。一个是通讯工具，一个是媒体工具。

（2）微信的粉丝之间是封闭的，没有任何交集；微博的粉丝之间是畅通的，起码可以相互观看和评论。微信是私聊，微博是广播。微博可以利用群体造势，微信却不能。

以上这两点区别是非常关键的，它们决定了微信是传播 + 互动工具，微博是传播 + 公关工具。当然，两者的功能有重合之处，但很多人恰恰忽略了微信的互动功能。

这是一种很大的浪费，因为很多用户看待微信公众账号的眼光，从本质上说就是看待一个客服的眼光，问你的问题你是必须回答的，否则他们会慢慢离开你，尤其是在推送功能性信息而非普通资讯时，用户的回复通常需要你做出统计。其实，微信上的互动就是一种在线交流，这些聊天记录是不能给外人看的。跟微博上的私信一样，问题是微信只允许你私信，没有别的权限。

2. 没有必要的提醒

微信会打击提示、转发等营销性伎俩，但是只要内容做得好而精，稍微提示一下也不是太大的问题。站在增加粉丝的营销角度，提示是非常必要的。好的内容在微信里流传，也是一种增加粉丝活跃度和黏性的形式。但是有的公众账号既没有明确的书面告知，又没有相关人员的提醒，给人一种冷若冰霜、高高在上的感觉，这样的平台能有多少人情味呢？没有人情味，就与微信的特性背道而驰了。

微信的必要提醒有三个：一是关注提醒，这是最基本的；二是转发类提醒，比如：告诉人们如何转发、为什么要转发等，这是扩大张力的需要；三是回复相关的提醒，比如：回复什么查看哪个栏目的内容、回复什么可以得到哪些好处等，这是提升内在黏着力的需要。

3. 推送时间没有规律

做SEO（Search Engine Optimization的缩写，搜索引擎优化）的人都知道，如果网站能持续有规律地进行更新，就会博得搜索引擎的钟爱。微信推送直接面对的是人，所以更需要有章可循，尤其对忠实的粉丝更有这样的要求。消息推送不规律主要有以下几种情况：

（1）每天没有固定的推送时间。微信推送的时间应该是相对固定的，才能在粉丝的心中留下一点痕迹，尤其是那些忠实的粉丝，他们已经形成了一种在某个固定的时间段阅读你的信息的习惯。相对来说，如果消息的推送时间每天都有变动，就很难留住忠实粉丝的心。

（2）不持续的推送。每天一条并不是太麻烦的事，但要做到每天都坚持去做同一件事并不容易。对于有少许粉丝基础的账户，如果不能做到每天都坚持推送，三天打鱼两天晒网的话，已有的粉丝基础就会慢慢丧失。每一个品牌印象的形成都应该是一个“脑白金式”的狂轰滥炸的过程。

4. 过于野蛮的图文信息

移动互联网时代匆匆到来，但很多人还没反应过来就被投入移动的大潮中。在公众平台上的表现就是把野蛮地复制的 PC 端内容强加到手机端，导致移动端用户消化不良，造成上吐下泻的悲惨局面。

我们先不谈对于微信上的图文信息的要求，先看看几个手机端的实际问题：

（1）移动端的主要工具是手机，手机比电脑屏幕小得多，眼球的聚焦点更小，所以更费眼睛，用户长时间盯着手机看会非常痛苦。

（2）用户静静坐下来看手机的时间很少，通常是坐车、吃饭、同学聚会、上厕所等碎片化的时间。在这些时间里看手机的用户，使用的都是浅层注意力。

因此，为了尊重这两个事实，也为了自己的公众账号不死掉，基本要避免以下几点：

①大段文字。看到字就头疼，往下没完没了地翻会想吐，这是很多用户挂在嘴边的一句话。字一多，困意马上来袭，再接着看就是手机掉到了地上。所以，字一定不能多，如果字多，一定要切成小段。切记，用户看手机就像坐车看路边的广告牌一样，一扫而过。

②没有图片。一张图片就是一个故事，胜过千言万语。在 PC 端这的确是个真理，在移动端的饥渴程度就更强烈了。没有图片，就像吃饭没有菜，塞满了就恶心着走人。

③没有层次感。大标题—中标题—小标题—图片—文字，这是

一般人扫描网页的顺序。如果是一堆、一块内容，没有从大到小的结构，用户阅读的时候会有没法下眼的痛苦。

从微信公众平台上线后，关于微信营销的各种信息在网站、报端泛滥，着实令人感到烦恼，那么面对关于微信营销的各种宣传，我们怎样才能避免陷入各种微信营销的误区呢？下面来看看微信营销的一些禁忌。

1．微信营销就是一切

企业都知道微信营销效果好，但这不是一切。有不少企业看到别人做微信营销取得了好成绩，自己便盲目地赶潮流，结果是捡了芝麻、丢了西瓜。还有的企业误以为微信营销就是一切。其实，企业营销向来是多元化的，必须打组合拳，才能招招见长。比如：线上线下营销、微博与微信互动、微电影与微信互动等。

2．公众账号就是每天群发消息，进行过度营销

一个微信公众账号除了每天能群发一条或多条消息外，还能根据用户的输入回复有针对性的消息。由于每位用户的需求是完全不同的，而如果给所有的用户群发同一条消息，一定是众口难调、遭人唾弃的。如果你群发的消息过多，尤其是无聊没有意义的内容，那一定会遭人厌恶。简单来说，企业账号没有必要过多地群发消息，如果实在是没有太多有意义的内容可发，即使群发功能非常强大也不要滥用。对于企业来说，群发的作用更多是提醒用户，而不是骚扰用户。

3．只注重粉丝的数量

微信营销的核心是用户的价值，而所谓用户的价值是指有用的粉丝，互动质量比较高的粉丝。所以，对于企业来说，不但要提高粉丝的质量，而且要注重粉丝的数量。众所周知，有很多企业为了增加粉丝的数量，加了很多“僵尸粉丝”。其实对企业的发展来说，

只有高质量的粉丝才更有价值，才能真正转化为企业的利润。

4. 内容就像白开水一样

白开水给人的感觉通常是淡而无味。如果企业推送的微信内容也跟白开水一样，那么你不会获得太多粉丝的关注和支持。因为微信推送的内容不能有所创新，没有趣味性或者实用价值，用户一定不会关注你的。

5. 把朋友当作营销工具

朋友圈是以熟人关系为基础的。如果你发的内容带有过重的广告性，或者把朋友当成了营销的工具，那么你的好友一定会直接删除你，这样你就失去了一个朋友。还有人用利益诱导用户分享文章，这种做法是不会长久的，因为你的营销内容别人一看就明白了。

6. 推送的就是阅读率

我们知道微信推送信息的到达率是100%，但是我们忽略了阅读率的问题。要知道你的粉丝不仅仅关注你，他们还会关注其他企业，所以，即使他们收到了你每天推送的消息，但他们不一定都会一一阅读，或者你可以认为过多的微信信息令用户心烦意乱而不愿阅读，或者是被用户快速忽略，或者用户并没有及时在线，这就导致很多具有时效性的内容即使之后被阅读了，但其实际的意义并没有多大。

7. 机器人陪聊就是互动

不少企业认为机器人陪聊或者自动回复就意味着与用户进行了互动。实际上，这种认识完全是错得离谱了。我们知道，微信营销的一大优势就是及时的互动性，商家可以通过微信与消费者进行及时有效的沟通。但是，如果总是让机器人与用户聊天的话，用户终会离你而去，由于你的微信完全失去了人性，所以没人愿意面对冷冰冰的回复。

8．运营App就是运营微信

人们常用的App不会超过10个。我们知道，传统的App属于典型的被动式营销，而且传统App的开发成本高、开发周期长，不容易进行推广。而微信端App则更多的是借助微信朋友圈、线下经营门店、优惠促销活动等吸引用户扫描添加，综合推广成本更低。现在，不少企业没有认识到微信的真正价值，一味地想自己做个App就能万事大吉，但这就大错特错了。

9．乱发广告

很多人添加你之后就开始发广告了。不但乱发广告，而且发的都是千篇一律的广告，没有任何技术含量。这种完全不考虑作为用户群体的感受的做法，不是营销，而是无知。

10．不要随便做公众账号功能

我们都知道，开发一个微信Api可谓是功能强大，但是一定要明白自己需要的是什么功能，而不是乱开发。尤其是有些企业看到别人开发个查天气的，他们也开发一个，但实际上对他们来说没有任何用处。所以，企业还是要弄清楚自己的粉丝究竟需要企业提供哪些服务再去开发，而不要邯郸学步，忘了自己是谁，结果贻笑大方。

微信营销中的问题

在商场里、地铁上，或者餐厅里，我们随处都能看到二维码的存在。扫描一下二维码，你就可以获得优惠券或者参加抽奖活动了。这是很多商家开展微信营销的惯用方式。如今，微信营销已经成为一股流行风潮，很多知名品牌都加入了微信营销的行列。

微信是移动终端最具代表性的点对点式的营销平台，微信营销是随着移动客户端越来越热的发展而产生的一种创新型点对点的营销方式，给更多的企业和个人带来了新的市场机遇和发展前景，但在其诸多优点的背后也存在很多不容忽视的问题。再好的产品如果运营得不好，只能不断制造麻烦，这对企业或者个人来说，从事微信营销也就没有意义了。下面来看看微信营销存在的一些问题：

1. 微信平台不够完善

2012 年 8 月，微信公众平台正式上线。有了微信公众平台，用户可以在微信上获得更好的体验，而二维码扫描关注是企业对外营销最直接的方式。二维码技术出来不久后，用户可能会因为好奇而选择扫一扫，随着时间的流逝和微信二维码推广的泛滥，缺乏用户体验的生活方式渐渐被用户忽略了，变成一种被动式的营销推广。企业想要提升用户关注度的必要条件是给用户一个理由或者足够的原因使用户愿意去选择，只有这样才能收到更好的效果。所以，完善微信平台是首要任务，诱导因素是作为渠道的引入，而不断完善平台本身的用户体验才是最根本的问题。维系客户关系的最有效切入点就是提供更多更好的体验式用户服务。

许多企业看到同行在该渠道的开展就组织建设自己的微信平台，但仅从单纯的角度去考虑问题，这种模仿而不加策划和经营计划的手段只能造就同质化的效果，对企业本身来说是拓宽了渠道，但从效果来看却很一般，往往出现的是同质化的效果。对用户而言，同质化的产品诱导的选择性是非常差的，因此要做或者想做微信平台就必须在体现产品和服务的基础上，寻求用户关注的突破点，找准有新意的关注点和环节进行创新，在同质化的基础上提供符合企业自己特色的体验式服务。

对很多企业来说，在很多方面还不完全具备开展O2O的条件，但也不是没有一点办法。一个成功的营销平台是拥有一个从用户体验到信息获取，再到线上订单的完整流程。企业进行微信平台推广的目的当然是从中盈利，但对很多企业的微信平台来说营销性还不完全具备，同种类的公众平台要有所区分。微信本身是封闭性的，缺少了开放和可以广泛传播的特点，一般的微信平台只靠二维码进行单纯推广，这种方式能取得的效果不会太大。

2. 在关注粉丝数量和互动阅读率之间失衡

其实，微信只是一个沟通互动的介质。近两年来，多数企业把微信作为获取利益和打通业务渠道的营销工具，但是做微信平台与进行微博营销一样，你要能引来庞大的活粉丝，这样你可以积累更多的潜在用户，你的信息传播面会更广。积累粉丝关注的过程需要花费比建设微信平台更多的精力和时间，你的粉丝的数量直接影响你的潜在客户数量。

对推送消息来说，这里单指订阅号的每日推送，对很多中小型企业来说适合去做好，但如果在很多时候做不好这每日一篇的信息推送，就会像垃圾邮件一样发送给用户。推送消息不仅可以是内容的，也可以是互动环节上的，这样在定期维护用户同时，也增加了用户的互动性和平台的黏性。

微信信息是点对点推送的。虽然微信早已做出调整，默认只有打开微信时才能看到公众账号的信息推送，但是如果关注的账号超过10个以上，难免产生一种不知看什么的无所适从感。而关注的公众账号少了，作为接收者来说，确实比较轻松一点，但却阻碍了其获取更多信息的通道；作为商家来说，信息传播的覆盖度也会受到影响。

在一般情况下，品牌与用户之间进行的是单向沟通，品牌推送信息，用户只能接收信息。虽然微信公众账号可以设置自定义回复，但这种自定义回复在多数情况下除了起初觉得其回复得文不对题感到搞笑外，当用户真的需要投诉和反馈时，大多数微信公众账号并不能真正起到解决问题的作用。

当看到邮箱里或者手机的App上标着数字"1、2、3……n"的各种未读提醒时，很多人便会产生一种莫名的焦虑。在这种情况下，或者看都不看全部点开让数字消失，或者让一些订阅邮件慢慢积累到几百份甚至上千份，然后熟视无睹，反正"虱子多了不痒"。对待微信公众账号，在好几天没有看未读信息且打开微信也没有时间看的情况下，选择将这些账号上的数字一一点开，仿佛我已经看过似的。而相比起来，用户看微博信息的动作可以用一个字"刷"来概括，在微博上用户很多时候是在漫无目的地消费碎片化的时间，在这种没有压力的状态下看一下时间线里的品牌微博信息，了解相关的品牌活动，并不会感到太大的压力。

3. 没有实现品牌推广类营销需求

成功的营销方式是使品牌商和消费者都乐于从中获利，而目前的微信营销方式几乎达不到这个标准。首先，无分类与排行的公众账号系统本身不利于得到用户的关注。因为用户需要自己去搜索和查找公众账号，而微博这种扩散性极强的消息平台，可以通过转载一条消息后让千千万万的人都知道。由此可见，公众账号在推广消息上并不具有非常明显的优势。因此，作为一名普通用户，可能会选择互动性、操作性更强的微博；对品牌商来说，做同样的事情，在微博和微信两个平台上的收益也是不同的。

众所周知，品牌的推广是营销最重要的一个方面，也是营销的第一层级，而微信在这方面存在的诟病不除将难以维持长久的发展。另外，微信本身就缺少开放、广泛传播的途径，微信营销一般只能通过广告宣传单页、博客、微博等放出二维码，让用户扫描、关注自己。这种方式使企业或者个人品牌的推广效果大打折扣。

4. 微信团队是否具备探索能力

企业推广时往往运用传统的推销手段，对这种传统推销手段早已厌烦的用户来说，他们非常容易产生一种抵制心理。这种换汤不换药的营销手段也是制约微信营销继续发展的因素之一。如果想在微信中进行更高效的企业产品推广，还需要企业自身进行更多切实有效的探索。

企业做微信平台的工作人员少到一个人，大到一个团队协作，根据企业规模的不同所配备的人员和能力也是有差别的。如今，微信营销已经是一条非常成熟的渠道，但是很多企业还处于观望状态，找不到入手的突破点，有些企业可能仅仅是抱着试试看的态度进行参与。其实，微信营销是一种点对点最直接的信息传递。企业做微信应该以注重用户为基础，以达到用户的需求为桥梁，以诱导客户选购或者线上预定为目的，以实现最基本的O2O工作。因此，这就要求我们的微信运营人员必须具备一定的探索能力，这样不但能够从同质化的产品中脱颖而出，而且可以少走很多弯路。

5. 病毒信息传播失控

随着微信得到了越来越多用户的认可，微信用户的数量呈现爆炸性增长。各种媒体、自媒体纷纷进驻微信，导致微信面临的系统性风险越来越大，这对微信的监管是非常不利的。各种媒体、自媒体在微信上疯狂增加，使微信的媒体属性和社交属性越来越不平衡。如何把握好公众账号和自媒体的关系，使公众账号在舆论认知中少走弯路，这是一个值得探讨的话题。同时，微信是一个灵活的平台，想要在这个平台上组建一支团队不是不可能的事，而这很可能形成公众事件传播的又一个崭新领域，最终的效用是否也会陷入失控境地将不得而知，毕竟传播没有界限。

综上所述，想做好微信营销就必须了解它的优点和缺点，这样你才有做好微信营销的可能性。毋庸置疑，微信的确是一个不错的产品，但如果微信营销并不能给企业带来实际的效益，吸引来的粉丝也只能算是一个摆设，那么怎样开展微信营销就应该是企业需要认真考虑的问题了。

微信利器令粉丝们更爱你

请大家注意：增长粉丝和留住粉丝关注是两回事。如何让新加入的粉丝爱上我们的微信呢？这是需要技巧的。接下来，给大家分享一些能够迅速提升微信运营效果的微信营销利器。

营销利器1：微信私人账号

以私人账号带公众账号。如果你的私人账号的朋友量达到一万，那么把公众账号分享到朋友圈，你的粉丝数量就会迅速增加。

具体操作方法如下：

个性签名：简介公众平台账号

转发公众平台信息，引导粉丝关注，相册封面可带公众平台二维码及账户。

头像：左下角加微信公众账号

群发助手推广（定期群发带公众账号的信息给朋友），还可以用软件一个个发推广信息。

分享公众账号名片到所在的微博群及朋友：点通讯录—公众账号—找到要推广的公众账号—进入—点右上角…图标—推荐给朋友—选择推荐的微信群或个人推送。

个人账号关注公众平台：点击公众平台发送的信息—点击最下方阅读全文—点右上角…图标—分别点发送给朋友、分享到朋友圈、分享到腾讯微博。

发消息时带上公众账号（价值点 + 推广话术 + 公众账号），但是不要太频繁，以免骚扰粉丝或朋友。

营销利器 2：微信联动微博

利用产品官方微博的原有受众基数，更新微博头像增加头像二维码推广，并发布全新的关于微信公众号推广的新段子，通过微博大号带动，微信号带来了第一波受众。当然，前提是产品的官方网站进行全新改版，以二维码微信为主流视觉导向，同时开启短线互动活动，利用赠送礼品的契机吸引受众的关注度并参与扫描。

营销利器 3：位置签名

微信也结合了 LBS 功能，在微信的"朋友们"选项卡中，有一个"查看附近的人"插件，用户可以查找自己所在地理位置附近的微信用户。系统除了显示附近用户的姓名等基本信息外，还会显示用户签名档的内容。商家可以利用这个免费的广告位为自己进行宣传，甚至打广告。

营销利器 4：二维码

在微信中，用户可以通过扫描识别二维码身份来添加朋友，关注企业账号。企业可以设定自己品牌的二维码，用折扣和优惠来吸引用户的关注，开拓 O2O 的营销模式。

营销利器 5：微社区

人人、开心网、博客、帖吧等各个社交网站，如果做好软文编写，达到一日破万的目标非常容易，只要用心就能做到。

营销利器 6：语音信息

用户早已厌倦了发短信打字，但发送视频太耗费流量。用微信发送音频信息，的确是省时省力又省钱的信息传递方式。

无论是哪种微信营销利器，都是需要与其他营销方法结合使用的。当然，如果你有更多更好的微信营销方法，希望能与大家一起分享，共同学习与进步。

让微信营销回归理性

与庞大的用户基数同等重要的是，微信不仅是一款聊天工具，腾讯更是将其定位为“一种生活方式”。微信通过公众平台和开放接口接入了大量的机构、名人和各种服务，又嫁接了扫一扫、微信支付等功能，这使“生活方式”得以成为可能。

1. 微信究竟值不值得长期投入？

一位公关界的资深人士曾经坦言，如今的媒体形态变化太快，从博客热到人人网热再到微博热，每种新的媒体平台一出现总会掀起一阵营销热，但又迅速冷却下来。现在看来，微博营销已经不是那么美了，微信又掀起了新一轮的营销热。这实在是让人摸不着头脑，不知道微信究竟值不值得投入。这位资深人士的疑虑具有一定的普遍性，代表了一批企业和营销人士的基本态度。

我们暂且不讨论以上各种媒介平台的营销价值和在这些平台上所使用的营销手段是否恰当，现在只研究一下微信。

2014 年上半年，微信在中国内地的用户群体已经达到 4 亿，预计到年底将达到 5 亿，这与智能手机的数量基本持平。随着智能手机的普及，微信的用户数还将持续增长，将成为最重要的移动入口。可以预期的是，微信将成为一个通过智能手机接入的、庞大的打通线下线上的社交平台。

马化腾曾谦虚地说过，微信只是拿到了一张移动互联网的站台票。现在看来，微信已经上车了，而且微信所在的腾讯平台拥有巨大的资金和资源实力。8.25 亿的 QQ 用户数，其他公司在短时间里再造一个类似微信的神话几无可能。所以，微信在移动互联时代将具有持久的价值。所以，如果你想在接下来的移动互联时代不落伍，那就抓紧投入微信吧。

2．忘掉群发推送

群发确实是一个有效的传播手段。如果我们总是将焦点放在群发的数量和频次上，过分强调群发，就会忘掉内容和服务，忘掉用户的需求，与垃圾邮件和垃圾短信没有任何区别了。微信公众账号的真正价值也就被湮没了。

群发推送曾经一度是微信公众平台最吸引人的功能，甚至可以说很多机构就是冲着这个功能来做微信营销的。于是，微信公众平台迅速升温，一时间信息泛滥，以至于微信开发团队不得不出面引导。

在微信5.0版本里，公众账号被区分为服务号和订阅号，其中服务号的群发次数降低为每月一次，保留订阅号每天一次的群发功能，但是将订阅号进行折叠。总而言之，无论是服务号还是订阅号都限制了群发推送（折叠大幅降低打开率），这种变化使很多从事微信营销的人感到不知所措。

群发只是手段，内容和沟通才是关键。就信息推送而言，每天一次相当于报纸，一月一次相当于杂志，报纸和杂志各有特点，不以版面、频次定高下。通过提供实用的功能使用户主动参与互动，这才是微信公众账号运营的关键。

所以，暂时忘掉群发推送，回到品牌和用户的关系上，系统思考账号能够给用户带来哪些价值，通过什么内容吸引人、打动人、留住人，通过什么打造粉丝文化、提高粉丝之间的凝聚力。这些应该是微信营销的重点。

3. 如何定位微信营销？

虽然漂流瓶、陌生人打招呼、朋友圈等都可用于营销，但不得不说微信真正可以作为企业营销价值的只有公众平台，所以我们所说的微信营销应该都是基于微信公众平台的。

那么应该如何定位微信营销呢？微信官方给出了一些标杆：媒体和自媒体账号；招商银行、南方航空等以提供服务为主的账号；最近又推出了陈坤等主做粉丝经济的明星账号。微信 5.0 版本将公众平台区分为服务号和订阅号，将企业微信营销引导为提供服务，此举打击了过去简单以信息推送为主的微信营销模式。

从长远看来，信息推送、粉丝互动、客户服务、在线交易任何一种单一的模式都不能让一个机构的微信公众账号具有持久的生命力。因为频繁的信息推送和粉丝互动会干扰用户；而基于微信的客户服务作为传统服务的延伸，并不唯一，很容易被其他技术手段替代。企业微信公众账号应该是同时集合了这些功能并具备实用功能的品牌社区。“品牌社区”这个概念是由美国学者于 2001 年提出，指“建立在使用某一品牌的消费者之间一整套社会关系基础上的一种非地理意义上的专门化社群”。品牌社区以消费者对品牌的情感利益为联系纽带，品牌社区强调的是消费者在品牌创建中所起的重要作用。

微信作为移动端最重要的入口和平台，是最好的品牌社区载体。在其中，品牌与消费者充分互动，提供有价值的服务，构建和消费者之间强有力的关系，并最终通过交易支付实现粉丝经济。

4. 导入老用户还是吸引新用户？

如果某企业搭建了一个微信公众平台，然后寄希望通过推广来吸引用户的关注，那一定是最不靠谱的。

一个企业的微信公众账号的第一批关注者应该是这个企业的老

用户或者合作伙伴，而不是陌生人。企业在搭建微信公众账号的时候，就应该考虑怎样吸引老用户的关注。微信公众账号的功能应该是基于用户的需求和服务用户而设置开发的。如果公众账号对老用户没有吸引力，那也一定不能吸引新用户，更谈不上吸引潜在用户了。所以，建议企业在开设微信公众账号的时候，应把老用户的导入作为头等大事来做。

至于如何吸引新用户和潜在用户的关注，更要依靠公众账号的价值驱动，通过微信公众账号可以更便捷地享受服务、享受优惠、得到价值认同。

一个好的微信公众账号一定能够融入企业的经营、交易和客服环节，然后通过好的互动建立好的口碑，通过口碑在用户之间传递，成为连接用户和品牌不可或缺的纽带。在此基础上接着进行营销推广，将账号作为品牌粉丝互动的平台、用户服务的平台对外传播，更容易实现转化。

当下微信营销方兴未艾，关于微信营销众说纷纭，相对于战术层面的运营技巧，战略层面的构建和方向选择更为重要。如果没有考虑清楚就盲目上马或者舍本逐末，很可能将微信营销推进死胡同。

微信营销者的必备能力

随着时代的变迁，无论是从PC端到移动客户端，还是从淘宝店到微信商城系统，营销的模式都在不断变化。未来的微营销将转变成手机的淘宝。你将不是非得坐在PC端前才能购买商品，而可以随时随地用手机轻松实现购买商品的目的。

虽然很多人都逐步意识到了微营销的重要性，也跟随潮流做起了微营销，但大多数人还是搞不懂怎样才能做好微营销。很多关注微营销战略的微信公众平台的朋友们都有这样的困惑，自己是去做微营销了，但一直不能做起来。接下来我们探讨一下，希望做好微信商城系统的营销者需要具备哪些能力呢？

1. 归纳总结能力

归纳与总结就是能够从浩瀚的内容中总结出有价值的东西，并能很好地用语言将其组织到位，同时融入自己的理解和观点。很多微营销运营者，只顾埋头苦干却忘记归纳和总结。这种能力是微信运营的第一个能力，也是考验基本功的能力。如果做微信公众平台，你必须每天去看后台数据、粉丝情况、文章的传播情况，总结出哪些方面做得好，哪些方面还有待改善。

2. 抓重点的能力

要使自己的平台具有独特的吸引力，而不是毫无规则地乱做内容，而是能够迅速准确地在众多的微信用户和所发布的内容中找到自己想要的，并能结合时下的热点与受众用户感兴趣的事物，将其用自己的语言更好地呈现在公众面前，同时应该做到三点：精、细、美，这也是微信内容运营最重要的三大核心！

3．定位与分析能力

定位是非常关键的，关系到一个公众平台的兴衰存亡。只有定位好你的公众平台，才能创造出更多的价值，否则盲目地去做，运作起来会非常艰难，但你如果定位好了，才能运作得更顺利。微信运营者要具有面对整个局面、企业本身的定位特点进行企业微信定位的分析能力，从企业本身、行业特点、当下的市场形势、受众用户等各方面进行全方位的分析，最终定位。一般来说，一个成功的微信平台必须具有以下十大定位：账号定位、人群定位、产品定位、运营定位、竞争定位、成本定位、赢利定位、营销定位、推广定位、时间定位。

4．积极思考、学习的能力

一名出色的微信运营者必须要思维敏捷，因为他们无时无刻不在思考，思考如何使自己的内容更有价值，思考怎样提高图文的转化率，思考怎样才能使更多的人分享、转发，思考怎样才能吸引更多受众用户的关注和对该微信整体的策划与方针制定等。

跨入了微营销时代，学习不只是停留在书本上的，你更应该学习的是实战，多去关注做得相对比较成功的微信平台。如果你关注了 20 个平台，就有 20 位老师教你做微营销。你要不断学习他们是如何做微营销的，把学到的东西运用到你的微信营销中。

5．了解受众兴趣的能力

作为微信营销者，想了解用户的兴趣所在除了可以通过一些活动和调查，还可以充分利用微信平台中的统计数据。了解用户兴趣的能力不仅可以使你迅速了解你的用户，还可使你从中捕捉到很多有价值的信息，比如：你发布的一篇文章被疯狂转载，或者发布某些文章阅读量大增。这些都需要你去认真了解和总结。

6. 建立关系的能力

现在，不是个人奋斗的时代，如果你还在单枪匹马地作战，那你迟早都会被抱团的人击败。微营销时代也是一个资源共享的时代，你要学会建立属于自己的人脉圈，拥有自己的人脉资源。你不仅要与粉丝建立关系，还要与同行或者其他微信运营者建立关系，甚至与其他网络平台的运营者、管理者等建立关系，为以后的工作做充分的准备。比如：你可以找一些优秀的平台运营者或者网络管理员，跟他们建立关系后，你就可以很好地进行平台互推。当你们成为好友后，你就可以借助他们的资源推广平台了。

总之，不要只盯着那些微信商城系统营销一个月几十万粉丝的案例，对于微信营销的成功案例，没有哪一个不是长期经营的结果。如果你是一名微信商城系统的营销运营者，就需要不断提高自己的能力。有了这些能力，做好微营销就会更加游刃有余了。

微信营销成功案例

“窝夫小子”的微信生意经

在十几年前，烘焙行业还被人们狭义地称为“制作蛋糕”。当时如果有亲戚朋友过生日，都需要提前到线下的门店预定蛋糕缴费，然后等待短则1个小时长则1天去取蛋糕。挤公交地铁参加生日聚会时，蛋糕的品相也得看运气，有时会小有损伤，有时则面目全非。

于是，在5年前电子商务盛行，网上预订蛋糕成为一种垂直行业悄然兴起，人们可以通过PC预定并通过冰包、保温箱等冷链方式送货到指定地点，如今这种方式已经被更多的人接受。但是在移动商务如此火爆的今天，如果业务和手机没有任何关系，那就太落伍了，因此无论是以味多美、巴黎贝甜为代表的传统线下店铺模式，还是以21客、Mcake、窝夫小子为代表的线上B2C（Business-to-Customer的缩写，简称“商家对顾客”）模式，无论是选择App还是微信作为载体，烘焙行业的O2O正在一个十字路口徘徊。

下面是一家以微信公众平台为载体，尝试业务O2O的烘焙企业——窝夫小子的生意经。窝夫小子是一家传统PC互联网做垂直B2C蛋糕运营的企业，通过官网、400电话、天猫店等传统方式进行蛋糕的预定、沟通、付款、送货等一系列流程，而且窝夫小子还有一家线下精品体验店，满足小部分用户的到店需求。不过，随着移动互联网的火热，窝夫小子也在考虑发展传统互联网业务的同时，通过微信的方式来增加客户交流与曝光量，同时利用线上订单完成线下配送的 O2O 流程。

2013年1月，窝夫小子建立微信公众平台开始营销，起初的定位是与其他渠道一样的营销新入口，但因为功能展示取得的效果并不好，只是推送文章业务无法落地，粉丝的数量和效果并不理想。12月，窝夫小子开始与亿美微智通合作，通过日常运营、线上订单、O2O 活动、营销推广等方式，粉丝积累已经超过2万，每天都有通过微信收到的订单。对一个烘焙蛋糕企业来说，这算是使 O2O 业务步入了正轨。

“窝夫小子”制作的提拉米苏冰激凌蛋糕

窝夫小子在微信上的粉丝数量与页面流量已经初具规模。虽然与传统的 B2C 入口流量规模无法相比，但是微信作为其移动端的业务补充已经可以真正带来订单流量，这才是企业客户所关注和追求的转化。

那些微信营销大神们为传统企业灌输的一个月百万粉丝、月入几十万，现在看来都是虚无缥缈的，只不过是新时代的“大忽悠”。窝夫小子的这些粉丝是如何积累的呢？他们的微信经是什么呢？对企业来说，微信并非只是短期快速的爆发，粉丝的积累需要企业对微信部门进行资源的调配与支持，在日常服务的基础上提供更贴近用户需求的一种服务营销形态，需要在平时进行良好的运营策划和互动，将品牌植入用户心中，最终转化成为订单。下面让我们看看窝夫小子是如何做到的？

1. 微网站是门面，非"鸡肋"

很多人把微网站当作"鸡肋"。其实，还应该因企业而论，如果是线上电商类，就直接让用户看到产品，这样简单明了；如果是涉足O2O的企业，微网站是一个使用户了解自己的窗口，直接影响用户进行下一步点击的心情。窝夫小子与亿美微智通合作，通过设置模块，建设了一个包括最新活动、抽奖、产品下单、客服以及个人中心等功能在内的微网站。

微网站是企业在微信端的一张名片。有人认为它应该是"大而全"，把公司所有的业务、功能都展现出来。实际上，微网站并非必须如此，功能展示得过多势必会导致网站加载过慢，显示臃肿，只要把用户最关心的几个点放上去，比如：最新的优惠活动、专属的蛋糕介绍、线上订购入口等，关于企业的介绍等内容只要隐藏在菜单中，想看的人自己会主动寻找的。

2. 微活动的关键是互动落地

与粉丝的互动活动，无论是线上还是线下，都需要真正落地，调动粉丝的积极性，使其产生一定的参与感，这是非常关键的一点。比如：窝夫小子开展了"出卖小伙伴"的活动，让现有粉丝找到志同道合的朋友参与，窝夫则在线下提供了精美的蛋糕礼品作为抽奖的奖品，活动名单也准时发布，使粉丝们感觉活动是真实存在的，而不是被忽悠，同时也实现了线下实体的引流，毕竟到店领取奖品同时，可能会顺便产生其他消费。

微活动也可以在线上组织。废物利用活动就是粉丝们把窝夫小子的蛋糕盒做简单的裁剪后，制作成书架、CD盒等，进行废物利用，最终被评为优秀者即可获得蛋糕礼品一份。微活动的策划开展是配合微信公众账号运营的重要部分，使粉丝们产生了很大的参与感和满足感，不但记住了窝夫小子的品牌，而且在需要蛋糕的时候自然而然会想到并下订单。

3．推送信息精而准，直击痛点

作为订阅号，文章的推送是培养粉丝黏性的最好方式，而且所推送的内容需要与自身的行业相关，尽量减少营销的内容，毕竟用户关注的并不是你发送的广告。

作为一家蛋糕企业，窝夫小子更新的文章内容自然与蛋糕有关，但也绝不能局限于这些内容，因为好文章的内容需要与时尚热点结合并不断进行挖掘。当然，烘焙行业不可或缺的重要内容就是节日，情人节、父亲节、圣诞节、结婚纪念日，甚至愚人节……每个节日都可以与蛋糕联系起来，大做一番文章。

窝夫小子就针对愚人节和情人节等节日，结合自身蛋糕为大家讲解节日背后的故事，在进行软性推广的同时，增加了文章的可读性与传播性，促使粉丝的相互转发。

在日常维护的内容中，还可以加入一些简单的蛋糕甜品的制作教程，因为时下越来越多的人对自己制作小蛋糕非常感兴趣。对专业制作蛋糕的窝夫小子来说，在烘焙甜品方面具有更专业的制作技术，它给出的相关建议一定是粉丝们最关心的热点。

总之，窝夫小子的运营人员并不建议过多地进行文章上的营销传播，这样会丢失很多忠实的粉丝。涨粉不容易，但是掉粉很轻松。

4．顺畅的订单流程决定用户的体验

无论是文章还是活动策划，最终目的是吸引粉丝们通过微信下单实现消费。如果用户在下单过程中的某个环节上遇阻的话，所有的努力就功亏一篑了，因此，客服人员的沟通引导决定了用户的购物体验。

在O2O流程中，窝夫小子在微信线上引流客户下单，在后台有专门负责的客服，通过电话确认并进入订单的生产流程，其中的反应速度直接影响到客户对微信下单的信任感和体验感，而制成蛋糕的口感、物流、到达率等都是服务客户的硬实力。

微信上的客家土楼糯米酒

“糯米酒先生”来自厦门，是一位酿造糯米酒的先生，其酒坊坐落在福建永定县下洋镇廖陂村东兴楼，这种糯米酒是采用传统纯手工工艺酿造的客家土楼糯米酒。而早已闻名遐迩的客家土楼我们并不陌生，是永定县分布的历史悠久、风格独特的客家民居建筑群，它们被统称为“永定客家土楼”。

这位来自客家土楼的“糯米酒先生”，早在2012年8月就申请了微信公共账号，名叫“客家土楼糯米酒”。在不到半年的时间里，他边摸索边积累，获得了初步的成功，成功的秘密就在于其转化粉丝的技巧。

公共账号的最新数据显示，客家土楼糯米酒已有近22500名粉丝，每月有近5万的销售额，糯米酒的定价是60元/斤，多数客户一次性会购买5~10斤，因此，每单的价格在300~600元不等。短短数月获得如此骄人的成绩，他是如何做到的呢？现在，让我们一起来揭开其中的秘密吧。

1. 微博与微信的差异

微信更加精准，信息的达到率更高。我们可以这样认为：微博犹如农村里的大喇叭，广而告之，但你不一定在家，更听不到。你在家或许正专注地看韩剧，信息也会很快石沉大海，因此，微博的宣传效果正像散弹打鸟。而微信更像是一对一的电话营销，效果有如“狙击”，信息能精准地传送到用户个体。

正是基于这一点，起初“糯米酒先生”就放弃了微博阵地，而直接把重点放在了微信上。如果不经过认真地思考和对比，是不可能做出这种选择的。

相比来说，微信的粉丝更忠实。如果李开复在微博里公布了自己的公众账号，凭借千万级的粉丝量，会很快获得数十万甚至上百万的粉丝，但这些粉丝需要完成“搬家”动作，愿意“搬家”的一定是更忠实的粉丝，或者称作“铁粉”。对大部分人来说，除非这个账号能提供不一样的价值，否则没人愿意随便就关注一个公众账号。

公众账号是一个更精准、更认真、更专业的互动平台，但缺少一个粉丝增长的内生机制，故获得粉丝的能力要比微博差很多。之所以谈以上几点差异，是因为这些差异会直接影响你获得粉丝和信息沟通的方式。

2. 获取第一批粉丝

我们都知道，第一批粉丝比较难以获得，有不少“微博达人”为了吸引关注，先为账号买几车皮“僵粉”作引子，有的僵粉率甚至高达90%以上。不明真相的过客很容易被吸引过去关注，但这招在微信里却行不通。上文说过微信缺少粉丝增长的内生机制，因此，微信粉丝的获得更需要借助其他媒介或渠道，但多数人并没有太高的影响力，更难以靠粉丝“搬家”获得增量。

“糯米酒先生”酿造的糯米酒的定价是60元/斤。无论是品质还是价值，与市场上20~30元的米酒有很大的距离，因此，清楚自己的用户在哪里、是谁，就变得非常重要。为了锁定目标群体并使其转化为粉丝，“糯米酒先生”是这样做的。

首先，他特意去考察了厦门当地的高端厨房、橱柜企业及相关的店铺信息，最终锁定了10个大品牌和20个中端品牌。之后，他精挑细选了一些店铺，接着花了近半年的时间深入各家门店现场互动“拉粉”。

大家都知道，闲逛高端厨房橱柜的人多数是具备一定经济实力的小夫妻，他们或者正准备结婚，或者准备换新房，尤为重要的一点是这个场合更适合搭讪。如果是在人数更多、环境嘈杂的商场里，人们是没有耐心停下来听你讲故事的。

接着，他们根据自己的判断，如果遇到合适的客户，便走过去主动搭讪，并递上印有二维码的名片，现场邀请客户进行关注。微信公众账号的私密性比较强，一般没有泄露隐私的后顾之忧，因此，多数客户不会选择拒绝。

最后，“糯米酒先生”施展了攻心术，要求免费邮寄一瓶给客户试喝，因而获得了客户的第一手资料。他们会根据实际情况适度进行电话回访，进一步获得情感上的肯定，终于赢得了客户的信任。

从消费心理学上来说，只要客户接受了你的试喝邀请，一般最终都会成为你的客户，只不过是时间早晚的问题。这样坚持到最后，他们最终获得了400多位忠实的顾客，并在公众账号上建立了良好的互动关系。

3. 如何实现粉丝的量变

获得了第一批粉丝后，他们信心大涨，接下来的工作是继续广而告之。

“糯米酒先生”从不放过任何一个曝光自己账号的机会。当客户来电咨询时，他一般会直接把账号告诉对方，邀请客户进行关注。当然还有“利诱”的作用，诸如折扣、抽奖或者线下体验等。同时，所有产品的标签上都有二维码接口，作用依然是“利诱”客户来关注。

当然，罗马建成也非一朝一夕。获取粉丝从本质上说是一种技术含量较高的曝光行为，有效利用每次曝光机会一定会有收获的，但是在执行过程中一定要学会总结并不断完善，还有更多的曝光方式，比如展会等。更麻烦一点的方法是利用微信里的“附近的人”的功能，筛选附近的目标群体，加其为好友，然后邀请关注公众账号。

4. 营销自己

（1）线上内容

“糯米酒先生”并不急于在微信里进行硬营销。他说：“没有必要刻意推销产品，更重要的是沟通交流。”因此，除了常规的酒文化介绍、酿造工艺等，他还有针对性地介绍了糯米酒的喝法、功效、保健知识等。客户一般进行直接咨询或者提出各种疑问，他就组织专人给客户以满意的解答。

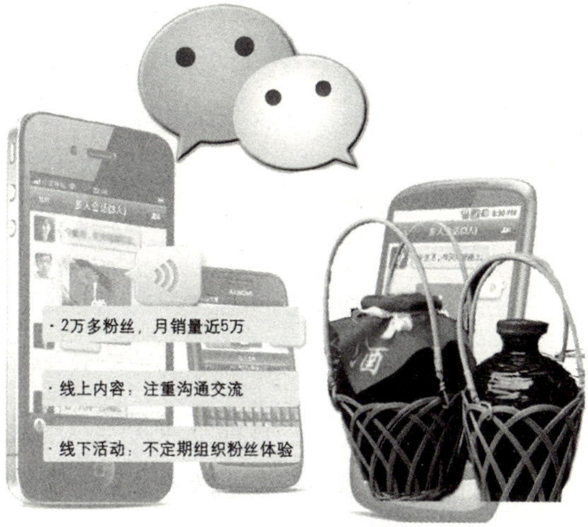

“糯米酒先生”的营销方法

但“糯米酒先生”在内容方面做得还不够，所涉及的话题可以从酒延伸到生活、工作、交际等更多方面。目前公众账号里只有三个目录轮流播放，显然过于单调。另外，内容需要具有一定的互动性，尽量避免单向传播，更多地进行双向互动。比如：内容可以设计成题目问答或互动游戏，充分调动客户们的参与热情，提高粉丝的黏性。

（2）线下活动

“糯米酒先生”会不定期组织线下的各种体验活动，召集大家到客家土楼的酿造基地参观、考察，这也是调动粉丝参与的一种方式。试想，在天气晴朗的周末，夫妻俩带着孩子去体验一下客家土楼的文化，了解传统的酿酒工艺，也是难得的亲子体验活动。在活动结束后，客户都会或多或少地买些产品带回家，难道不是一举两得的事吗？

杜蕾斯如何玩转微营销

通常情况下，挑动人神经的东西更容易火爆起来。杜蕾斯能在互联网营销时代迅速蹿红，就有这个原因。但毋庸置疑的是，从微博到微信，小杜杜一路走得非常用心。杜蕾斯的用心从官方微博的名字就开始了——“小杜杜”，完全拒绝了“官方”，与粉丝们称兄道弟、嬉笑怒骂，很接地气。

杜蕾斯官方微博的定位是“一个有一点绅士，有一点坏，懂生活又很会玩的人，就像夜店里的翩翩公子一样”。在微博用户的眼中，小杜杜是千面的，这一切都来自于运营团队的兢兢业业和良苦用心。

我们通过下面的三个小故事来看小杜杜背后的运营团队。

1.VANCL 粉丝团曾发布一条微博，“韩寒新书《私》中提及送给未来 18 岁女儿的一句话——套好安全带，带好安全套。韩少真是语不惊人死不休啊！”杜蕾斯运营团队发现后评论并转发道，“所谓安全第一，韩少作为赛车手深谙此道啊！”语言诙谐风趣、简洁明了，巧妙地将品牌的诉求点与名人话题结合起来，引起了大众的强烈共鸣。

2. 有一个网友灵机一动，把益达口香糖的广告词改成：“兄弟，油加满……你的杜蕾斯也满了。”杜蕾斯运营团队发现后，当时回复了一句：“杜蕾斯无糖 biyuntao，关爱牙齿，更关心你。”他们的聪明之处在于将大家烂熟于心的广告词偷换概念，这样的说法大家都会心相视一笑，大脑里淡淡地飘过一句“你懂的”，默契由此产生。

3.2011 年，王功权私奔事件一时间在微博上的转发量高达 7 万多，被网友们戏称为“私奔体”。杜蕾斯运营团队敏锐地捕捉到这条热点微博中的关键词“男女”、“私奔”、“幸福”，发现都与杜蕾斯品牌的调性相关。接着他们就原创了一条微博——私奔需要三样东西：一是杜蕾斯；二是现金；三是一起私奔的他或她。巧妙的结合，掀起第二轮话题讨论。

从上面的故事里，你看出哪些门道了吗？那就是做互联网营销，一定要跟上节奏，信息时代流行什么、热议什么你都要了解，有时不仅是了解，还要能深评浅议地说上几句。如果你的功力再深一点，能找到热点和产品的关联点，那就更有针对性，效果也就更好了。

当然，最高级的营销还是能制造热点。某年北京大雨过后，据说是一位杜蕾斯的员工灵光一现，雨后将此安全套覆于鞋子之上，使鞋子免遭雨水泡湿。短短的一条微博文字配上简单的图片，竟然荣登当天新浪微博转发量第一名。

杜蕾斯有了微信公众账号后，微博中一直流传杜蕾斯拥有8人陪聊小组。其实，这只是传说而已。但杜蕾斯确实尝试安排专人在某个时间段回复用户的咨询。他们还做了200多条标准化的信息回复，并根据当时的语义分析进行有针对性的解答。

一项免费的福利活动使小杜杜的微信公众账号火爆一时。“杜杜已经在后台随机抽取了10位幸运儿，每人将获得新上市的魔法装1份。今晚10点之前，还会送出10份魔法装！如果你是杜杜的老朋友，请回复‘我要福利’，杜杜将会继续选出10位幸运儿，敬请期待明天的中奖名单！”活动刚一推出，在短短的两个小时里杜杜就收到了几万条“我要福利”，10盒套装换来几万粉丝，怎么算怎么划算。微信营销的魅力被小杜杜演绎得出神入化，毕竟是免费的福利谁都会忍不住看两眼。

其实，杜蕾斯还做了很多尝试，还有一个完全的UGC（用户生成内容之意）模式。杜蕾斯引导鼓励用户使用不同的地方方言说“早上好”、“早点起床”等早安问候语，然后将这些问候语搜集起来，在用户回复地名时推送方言语音。“听，这个就是我的家乡话说早上好。”“哟，西藏说‘早上好’原来是这样啊！”虽然这个想法最终没有付诸实施，但不可否认的是这是一个很有创意的想法。

杜蕾斯成功运营出了它的情感形象。在营销的背后，实际上存在着其他品牌可以深入学习借鉴的东西：社交媒体重视的是关系，传播只是对用户关系的一种利用，企业入驻社会化媒体，应该以诚恳和热情与粉丝建立关系。

如果说如自然人一样地与用户沟通交流是初级阶段，那么中级阶段就是做一个有个性的人，以企业独有的“人格”魅力来维持粉丝对企业品牌持久的关注，如果同时还能发现机会、懂得借势，借热点事件扩大自身的影响，那就已经进入营销的终极阶段了。

从上面几个成功的案例可以看出，微信已经成为各行各业的营销法宝，但是在看到别人成功之时，我们自己又能做些什么呢？微信营销仍处于探索阶段，尽管有媒体经常报道某某微信赚了多少钱，但微信营销至今仍没有固定的模式，我们只能通过一些成功的微信运营来总结他们的经营模式。我们每个人（企业）的微营销必须立足自身的实际情况，不断地摸索和完善自己的微信营销之道，生搬硬套的结果一定不是你预期要达到的。

让我们从这些成功的案例中看到微信的营销潜力，为自己品牌的宣传之路找到更多灵感。

第 4 章

企业微信力，撬动市场提升品牌知名度

微信公众平台已成为最火热的企业营销推广平台，每天都有大量的互联网公司和传统企业进驻。通过公众账号在移动端与粉丝进行互动，不仅可以群发文字、图片、视频、语音等信息内容，还可以进行一对一的有效沟通。现在，微信公众平台已成为各家企业首选的平台渠道，把微信打造成一个移动式的实时客服平台，提供各种咨询服务，直接面向微信用户，给他们带来全新的服务体验。但是如何通过这个沟通平台提高企业创造财富的能力呢？这就需要企业深入挖掘微信功能的商业价值，充分利用强大的功能创造更多的财富。

企业微信运营的“军规”

企业微信究竟应该怎么玩？我们一起继续探讨。有的公司做了一年微信，粉丝却一直不见涨起来，转发的没几个，利用微信推动销售更别妄想了。那么问题究竟出在哪里呢？他们开始反思，到底是内容没有吸引力、不够标题党，还是缺少原创的内容，抑或是图片的尺寸不够大。其实，这些都不是。问题可能就出在这里，看看下面的这些“军规”，你违反了哪些？

1. 员工要热爱微信。世界上最痛苦的事是让一个人去做自己不感兴趣的工作。一个都不玩微信、微博的人去做微信，这已经失败了 80%。如何鉴别他喜不喜欢呢？看看微信运营团队的人是否主动转发了公司的微信内容。

2. 要做自己的内容。我们花了很多精力去做所谓“好玩”的内容，其实就是在做复制和粘贴的动作，特别是那些心灵鸡汤和人云亦云的内容。

3. 没有销售导向的内容都是“耍流氓”。我们一直想做内容，却忘记了用户的需求。要做你的用户关心的内容策划，引导转发和销售才是关键。

4. 定义你的微信人格。都说企业自媒体是需要人格的，我们的微信没有人格，因为我们公司的品牌也没有人格。

5. 做事件大于做文章。图文消息只是一篇文章，而可以传播的是“事件”。例如：某位明星的花边新闻，做事件的文章，或者把几篇文章整合起来做事件。

6. 微信的核心是互动。内容只是一方面，将微信打造成手机上与客户沟通的平台，甚至是一个与客户沟通的新入口，汇聚的入口。

7. 要做有灵魂的互动。你认为互动就是24小时值班吗？只是回复和转发率，那就错了。其实，这只是表面现象，真正的互动是共鸣，要把你的标题、你的内容、你的活动说到他们心坎里，使他们心跳加速。

8. 整合社交媒体，做成矩阵。我们放弃微博，只做微信，这是不对的。所有的企业媒体窗口都要有效地利用起来，所以，要有网站、微信、微博、QQ群、各类新闻客户端。

9. 微信营销的核心是运营，而运营的核心是人。

10. 微信运营最大的技巧是用心。用心加人，自然会用心发内容，用心做好一项活动。

11. 微信、微博是工具，灵魂是你的产品和运营。没有可靠的产品，广告只能加速它的死亡。

12. 闭环。无法闭环是个大问题，图文说了推荐个旅游的地方，而后面却没有报名的通道，我们真把自己当媒体了。

13. 充分利用朋友圈。当公众账号被淹没后，我们忘记了一大杀器——朋友圈。

14. 尝试定向传播。让业内专业人士、意见领袖帮你转发，效果会出奇的好。

15. 分级处理。新用户做炒作，圈粉丝过来只是传播，他们不能直接变现。对用户的逐步优化后，留下来的才是客，做好老客户的服务并变现。

16. 别忘记传统媒体。传统媒体的力量依然强大，它能帮你引流，更能帮你引爆。

17. 跨界合作是良药。

18. 不要试图做最好的企业媒体。你比不过传统媒体的微信公众账号，你要做基于产品和服务的媒体，而不是传统意义的媒体。

19. 最后，其实你可以不开微信公众账号，可以不写文章、不做图文、不做事件，但请别忘记关心你的客户。

公众平台彰显公众的力量

目前，微信公众平台已成为最火热的企业营销推广平台，每天都有大量的互联网公司和传统企业进驻。通过公众账号在移动端与粉丝进行互动，不仅可以群发文字、图片、视频、语音等信息内容，还可以进行一对一的有效沟通。

现在，微信公众平台已成为各企业首选的平台渠道，其中对用户沟通需求相对旺盛的财经网站也积极参与，把微信打造成一个移动式的实时客服平台，提供各种咨询服务，直接面向3亿微信用户，给他们带来了新的服务体验。

国内知名的财经网站中金在线非常看好公众平台这个营销利器，将股市行情数据与公众平台结合起来，站在实用性的高度打造了自己的官方微信，开启了国内首个微行情查询服务。中金在线微信的特色就是“一秒快速查询”，这也是对用户最有吸引力的方面。用户把它添加关注后，输入想要查询的股票代码或名称，就能迅速获得股票的相关信息。同时，这些信息不仅会快速更新，而且涉及的范围非常广，使用户能在第一时间了解到股票当日的最高价、最低价、收盘价和成交量等信息。

随着微信的不断发展，中金在线也逐步改善了自己的功能，把微股评、微荐股等理财产品摆上微信公众平台，给用户提供了更快捷、更有价值的理财信息。运营公众平台后，中金在线聚集了超高的人气，并提高了自己在业内的影响力，大力促进了网站的发展，大大提高了收益。

国内某知名旅游网站在微博领域的营销一直被人们津津乐道，而据了解其在微信营销领域开通的微信公众账号，也在深入运营后获得了不菲的回报，订阅用户高达几十万。现在，让我们解读一下微信公众账号的推广运营之道。

1. 首先做好内容的定位

微信的内容定位是一个非常重要的问题，对微博来说也是如此。从最初接触该旅游网，感觉其是一个非常专业的旅游爱好者的微博，所以早期就对它非常关注，后来的确证实了它的定位非常精准，至今其在新浪微博已经拥有 171 万粉丝，同样微信的定位也就显得至关重要了。

企业希望推送的信息和用户需要的信息，应该高度尊重订阅用户的意愿。该旅游网就采用了与微博上一样的定位：为旅行爱好者提供服务的平台。由于推送次数的宝贵，他们减少了心理类内容的推送，实际上这样的内容在微信时代已经过时了。微信公众账号需要推送的必须是高质量的原创或者转载率极高的内容。

微信的内容定位必须精耕细作，无价值的内容、纯粹的广告推送早已引起了用户们的普遍反感。内容的定位建立在满足用户需求的基础上，包括休闲娱乐需求、生活服务类的应用需求、解决用户问题的实用需求等。

2. 灵活利用各种线上线下的推广渠道

很多人都不了解，那些早期的微信草根运营者拥有几十万订阅用户的微信公众账号大多来自于社交平台的推广，比如人人网、微博等。某草根运营团队曾运营着几十个微信公众账号，通过人人网在短短的几个月内就获得了上百万的真实订阅用户，转化率非常之高。

该旅游网更是深谙此道，在微博、人人网等平台的皮肤模版右侧增加了微信公众账号的宣传，在其发布的内容中多次通过文字、图片植入关注微信公众账号的信息。另外，还有不少微信运营者建立了粉丝 QQ 群，比如 V5 推推的微信 QQ 群就容纳了几千名微信用户。据透露，其在自建的旅行爱好者多个 QQ 群内的推广也获得了立竿见影的效果，特别是这些订阅用户的忠诚度非常高。

同时 QQ 账号与微信打通，大大增加了用户转化的便捷度。通过 QQ 邮件、好友邀请等方式，能够实现 QQ 用户的批量导入。通过小规模试验，证明这些方法具有一定的可行性和回报率，包括他们也在自建的官网等所有可以网上宣传的区域都放上了微信公众账号，线上全渠道进行全面推广。

其实，微信公众账号的线下推广也尤为重要。某位营销专家曾通过各地的社会化媒体营销的宣讲活动，给自己运营的微信公众账号带来了更多的关注。所以，对于有实力的微信爱好者来说，可以在自己的营销会议中植入宣传，获得更多的关注。另外，也可以在多个合作的酒店、机场放置自己的微信公众账号二维码海报、易拉宝，通过用户扫一扫的方式获得大量的新增订阅用户。

3. 策划有奖互动活动

对于企业类微信公众账号的运营来说，互动活动显得尤其重要。让我们来了解该旅游网策划的一次非常成功有效的微信活动吧。

这次有奖活动的情况是，活动的名字是“与小艺一战到底”。活动主要是基于自定义回复接口开发的 App，将答题赢奖品的模式植入微信中，采取有奖答题闯关的模式，设置了每日有奖积分，最终积分最高的用户获得丰厚大礼，还专门针对参与游戏的幸运楼层送上好礼，这样就大大提高了用户参与游戏的积极性，在活动推出后还在其微博和其他可宣传的渠道上进行大力推广。根据后台真实的数据，每日参与的互动活跃度高达五六十万，微信的订阅用户也同步新增几万。

而整个活动的资金投入比微博活动少得多，但取得了令人非常满意的效果。如果结合到商家，完全可以效仿提供试用装或者产品组织互动活动，通过官博和网店进行联合宣传，必定能取得更好的效果。

让我们解读一下微信互动活动的运营要点：

（1）活动规划前需要先了解微信订阅用户的属性，进行市场调研后策划并进行全方位的预热推广，主要在微博、线下广告、官网等多方面宣传微信活动的情况。

（2）活动运营期间，需提供专门的客服在后台记录和解答问题，引导用户积极参与活动，并通过自定义回复接口不断推送活动的参与说明，推动关注用户快速参加活动。

（3）基于自定义接口开发有奖问答平台。根据自身微信公众账号的定位植入和品牌相关的问题，也可以联合多个相关品牌一起植入营销，提供多款各品牌产品提升中奖度。

（4）通过设置多重奖品来刺激参与者，并通过推广渠道的不断宣传提升参与度。奖品方面不只设置单次大奖，还可以设置多个参与奖，这样才能调动用户的积极性。

（5）由于微信的互动是隐秘的，所以，特别适合设置和企业品牌有关的问题进行有奖答题，首个答对的就可以获得奖励，利于统计中奖名单。当然，也可以设置只要答对就有积分，通过后期的统计总积分获得奖励，目前这还需要手工统计，后期估计会有基于后端活动的平台出现。

（6）对参与用户进行二次分组。每个参与用户都可以根据基本属性按性别、地域等进行分组，后期非常有利于二次营销。

（7）要注意互动的便利性。尽量让用户采用选择的方式参与，可以设置多个问题的总积分模式，用户只需要输入简单的数字或者英文即可参加，大大提高活动度。

（8）抓住节日时效性活动营销热潮。活动的策划建议多多采用节日性和热门事件相结合。比如“微信晒罚单，送祝福”这样非常有创意的服务就值得学习。采用微博节日营销活动思路来策划评估微信的节日营销，同样会取得很好的效果，只需在微信上更多注意对新关注用户的引导就可以了。

4. 尽快完成微信认证

很多人不是很清楚微信公众号开通后是否需要认证，实际上这种认证是非常必要的。因为认证的微信账号具有搜索中文的特权，而微信认证的门槛相对来说是比较低的，只需要有500名订阅用户绑定您的个人或者企业的认证微博即可。

认证后的最大好处就是可以直接在微信的添加好友里搜索中文，而且支持模糊查找，比如你输入了“XX”就可以搜索到“XX旅行网”的微信公众账号。如果你确实在短期内无法认证，那么建议你选择好记的微信ID或者申请微信公众账号的QQ号码，在6位之内的号码更容易记忆，因为对口碑传播来说，尤其需要简洁、明了。

5. 通过口碑传播

软文中的口碑推广。如果您看的本文推广方式比较靠谱就会转给其他朋友，那么自然会获得关注。该旅游网就是经常通过搜集的旅行日记，把旅行爱好者感兴趣自发的微信内容分享到朋友圈，从实际效果来看口碑传播是最具黏性和扩散性的。

另外，你也可以多加微信交流有关的QQ群、微信群，在里面介绍自己运营某微信公众账号的心得，分享干货让大家关注，而不是上来就丢小广告。你还可以通过订阅自己的微信公众账号，把自己的精彩内容分享到朋友圈并进行评论，前提是你需要关注尽量多的微信好友，这样才能确保取得好的效果。对那些精辟的原创好文章可以加上你的微信公众账号，让比你更有影响力的微信公众账号进行转载或者推荐。

6. 搭建自定义回复接口

自定义回复接口的想象空间超出我们的预计，通过自定义回复接口，微信路况这样的微信公众账号居然可以实现查询周边路况、查询违章等，更让人难以想象的是可以在微信内生成微信贺卡，可以当微信电子狗，以后估计还能实现微信导航。

另外，通过这个接口我们还可以做出一整套行业微信服务解决方案，比如在该旅游网的微信公众账号里面就内置了不少智能对话服务。通过发送“攻略”关键词就可以返回预设的旅游攻略，同样可以查天气、列车、景点等等。据了解，有很多用户通过这些功能与微信公众账号进行大量的互动，并提出了不少宝贵的意见，逐步丰富了服务内容。

需要特别指出的就是，我们可以通过地理位置获取周边的数据，比如当你按照提示发送你的定位请求给这个微信公众账号时，就会迅速反馈给你周边的酒店信息，并且告知酒店的价位，你可以直接点进去完成在线订房。现在，这种业务的逻辑非常简单：用户发送请求—微信接收到请求后传给微信公众账号—微信公众账号对需求进行处理，返回数据给微信—微信返回数据给用户。目前，通过微信公众账号预订酒店的人非常多，据了解通过这种功能预订酒店的用户正不断快速增长。

最后，要特别指出的是微信的推广运营需要具有好心态，精准用户的逐渐获取需要一个合理的推广过程，运营者须理智看待。微信虽可能成为企业的营销利器，但不可盲目将其视为一种“神器”。目前，微信的运营策略并不在于用户数量的多少，而在于用户质量的高低、内容运营的匹配度。合理的微信推广渠道，还需要企业不断地摸索和探讨，找到最适合自己的方法和途径。

做好微信 O2O

深圳海岸城推出了一个有趣的新鲜促销，用户只需用手机扫描商家专属的二维码，就能得到一张电子会员卡。这张会员卡只存储在用户的微信账号中，在消费时使用就能得到特定商家的会员折扣服务。企业通过这种方式对自己的产品和促销活动进行了有针对性的推广，成本不高，获得的消费者都是目标人群，定位非常精准。在短时间里，这种“微信会员卡”为品牌微信积累了很多粉丝，对实现品牌口碑和用户量的长期积累有很大的好处。

当然，对普通消费者来说，这种方式不但具有一定的趣味性，而且减轻了自己的视觉负担——以前类似的宣传不是通过大幅的广告来体现，就是通过随意扔小广告实现传播，但实际上无论哪种方式都是对个人空间的粗野侵犯。如今在微信上出现的促销信息，如果你有需要就可以关注，没有需要也不会被骚扰，这样反而会使用户更轻松积极地了解企业的各种促销活动。如果用户感觉有必要的话，还可以直接与主办方对话。

“微信会员卡”的出现引起了业内人士的广泛关注。无论媒体是否弄清楚，先大呼一声“腾讯进军 O2O”总是没有错的。竞争对手，如大众点评者，开始仔细研究对策了；旁观者则在一旁悄悄观察这种新产品的动态，而观察后得出的结论是：这似乎只是一个半成品。

最流行的两种 O2O 模式

目前最流行的 O2O 产品模式有两种。一种是 search（搜索）模式，典型产品如大众点评，使用的情况是：当你到了一个陌生的地方或者陷入选择困境的时候，你可以通过大众点评搜索到一个不熟悉的店铺，然后进去消费。另一种是 coupon（优惠券）模式，典型产品如麦当劳优惠券、维络城团购等，也就是提供打折券、抵用券，吸引用户进行消费。“微信会员卡”虽也称作会员卡，但目前它仅提供打折优惠，所以属于 coupon 模式，只是换了一种形式而已。

其实，这两种模式可以归为一类，那就是“多多益善”。作为企业，他们在使用 search 或者 coupon 提供服务时，营销的目的一定是“想让更多的人认识我”、“让更多的人成为我的忠实顾客”。这种目的的实质是：我要更多的客户数。这种模式属于媒体的。

另外，还有一种 O2O 模式是“朝朝暮暮”，典型应用是会员卡、积分卡、集点卡等。这种模式的逻辑是：我在客户数量一定的情况下，刺激老客户进行重复消费，从而增加总销售额。但无论是哪种 O2O 产品，大体都逃不出以上两种模式。

哪里是微信的领地

有人说微信可以做 LBS，就是类似大众点评那种的 O2O 模式，理由是它可以搜索附近的人，那它一定可以搜索附近的商家。但如果你是马化腾，你肯定不会那样做。为什么呢？

第一，从竞争层面上看，现在已经有无数家企业在做“多多益善”模式的商品，其中不乏大众点评这样的垂直冠军，也不乏百度、淘宝这样的巨无霸公司。此时微信进入这个充满竞争的市场，不一定没有胜算，但必须要付出很多成本。

第二，微信根本就不是一个媒体，而是一种社交工具，所以微信想做成“多多益善”是不具备任何优势的，因为那根本不是它的领地。

第三，与其亲自去做并成为别人的对手，而且不一定能比别人做得好，倒不如选择与别人合作成为其合作伙伴。微信可以开放API（Application Programming Interface，应用程序编程接口）给其他的O2O服务商，把微信作为一种联系工具供给他们使用。

目前，微信会员卡的做法并不被看好。虽然它的名字是会员卡，但从本质上来说还是coupon券，属于“多多益善”的模式，是大众媒体的领地，而不是作为通信工具的微信的领地。目前的微信会员卡只能算是一个半成品，还远远没有挖掘出自身的潜能。

微信的典型使用情况是：当你需要一份外卖的时候，只要对着微信上的餐馆喊上一句“给我来一份松仁玉米”。你根本不必去搜索，微信也没有做任何“导流”动作，你所做的事就像打电话那样简单罢了。微信的领地，就在于维系商家和顾客之间的紧密关系。

实际上，“朝朝暮暮”的市场规模可能比“多多益善”要大得多。我们可以根据常识做一个判断：一个普通的上班族，周一到周五忙于工作。他一般会选择在家或者单位附近吃早餐，中餐在单位附近的饭店吃，晚餐可能与朋友或女友约会，选择不在单位附近的一些饭店吃。因此，作为一位老顾客，他进行重复消费的次数要比新顾客大得多。

其实，人们并非不重视老顾客营销，而是不能重视。做好老顾客的营销，有两个关键点：一是要能找到老顾客；二是要能记录老顾客的消费记录。现在，我们找老顾客的主要工具有电子邮件、短信和电话，记录老顾客消费记录的主要工具就是会员卡。从根本上说，这些工具都属于前互联网时代。每家企业都要建立自己的一套数据库，这就好比在没有电网的时代，它们都要自己发电一样。而对用户来说，携带数量众多的会员卡是一件非常麻烦的事，所以，顾客们宁可不享受折扣也不要带麻烦的会员卡，商家也就无法记录消费者的消费数据了。

而微信的出现解决了这两个问题。它不仅是一种通信工具，而且它的 ID 可以被当作会员卡使用，这样维系老顾客的两个关键点在同一个产品上聚集在了一起。商家不用再去建数据库、给顾客办理会员卡，它们只需扫描一下微信二维码就可识别自己的顾客，在系统里查到他之前的所有消费记录（这种功能虽然现在还没有，但未来一定会出现的），还可以直接进行老顾客营销。

像宝藏一样的个人消费数据

未来微信的最大价值在于它能沉淀形成一个个人消费行为的数据库，这必定是一座巨大的宝藏。

在目前的线下消费领域里，每个人都不知道自己到底在什么时间、花了哪些钱，在大多数情况下商家也不知道是谁买了我的东西，而未来的微信则可以把信息流沉淀下来。信息流的沉淀过程非常简单，当顾客进行消费的时候，商家只要扫描顾客的二维码就能识别对方的身份，然后把对方的身份和顾客的消费记录对应起来就可以了。

掌握了个人消费数据之后，商家能做的事情就太多了，能想到的就有：

1. 提供需要的服务。如果你经常在单位附近的一家咖啡店喝咖啡，但是你不喜欢在那里的漫长等待。现在，你可以选择用微信告诉服务员想喝哪种口味的咖啡，通过线上直接付款功能，5 分钟后你就可以去店里直接喝你想要的咖啡了，那将是再方便不过的事了。

2. 提供乐趣。比如还是那家咖啡店，如果它组织了一个“逢 10

免单”的活动，也就是每天的第 10 号、第 20 号、第 30 号等整数位顾客，可以享受免单优惠(当然是指微信会员卡用户)。这种活动一定会吸引很多人去碰运气吧？如果再组织一个幸运之星排行榜，每到年末最幸运的人可以获得一辆汽车，那一定会更具吸引力吧？

3. 提供优待。对企业的老顾客提供一些特殊的待遇，比如免费送个大杯、免费送一个小挂坠等。

只有做到了这些，才能算是真正的微信会员卡吧。

微信的对手

在老顾客营销这个领域，虽然目前微信看起来大有希望，但是它有两个非常强悍的竞争对手。最终究竟谁是最后的赢家还很难下定论。

一个是支付宝。支付宝拥有数量巨大的账户，具备通畅的资金渠道，目前也正虎视眈眈地盯着线下支付这块蛋糕。支付宝在线下支付方面的技术储备已经非常成熟，之前曾推出过条码支付，后来因银行系统的强烈反对而叫停。如果支付宝做个人消费数据库的沉淀具有非常便利的条件，那么和微信相比它只是缺少一项通信功能。

另一个对手是 Passbook（苹果公司 Ios 6 系统提供操作的一个全新的应用，一款可以存放登机牌、会员卡和电影票的工具)。和支付宝一样，Passbook 的账户和资金渠道是现成的，而且它比支付宝更有优势，是手机上的一款工具。身份识别、通信，它都能够做到，根本不会输给微信。Passbook 的缺点在于它的用户数量无法和微信相比，其实这很难说是短板还是长板，苹果手机的用户是最高端、价值最大的一群。

发挥一对一陪聊的魔力

从微信公众平台开放以来，“微信营销”这个词变得异常火爆。先有用微信卖水果的牛人月赚4万，后有微信卖酒达人月销5万。在互联网这个江湖里总能传来一些令人振奋不已的消息，但这些案例虽是快消品的成功营销案例，却终究只是一些个体商户的经验之谈，不适合应用于品牌的微信营销上。

实际上，既然微信公众平台扮演的是品牌与用户直接、点对点、一对一的沟通平台的角色，那么如果能着力加强这种功能，充分挖掘这种功能的更大潜力，一样能够获得用户的肯定，但在这个发展方向上找到更好的办法并不是很容易的。很多品牌仍然徘徊在传统的方式上——有多少回复多少，没有自己的核心思想，也没有统一的努力方向，结果只会使回复变得更加杂乱而毫无价值，并且因为类似的工作都采用人工回复的方式而增加了更多的维护成本，投入太多却没有得到相应的回报。

长虹在微信聊天方面另辟蹊径。长虹的微信聊天机器人是这种营销方式中获得最好效果的一个。他们通过对热点事件的把握，用主题互动聊天的方式与用户进行交流。在这个过程中，长虹将自己旗下的主流产品打造成性格各异的微信机器人，这些机器人通过自由设置的关键词回复功能最大程度地与微信粉丝进行点对点的互动，不但使品牌与用户之间建立了紧密的关系，而且使回复变得更加智能和贴切，甚至实现了对长虹产品的广泛宣传。

在雅安地震后，这一应用更以互动直播的方式做到了极致，使用户得到了更直接的信息获取体验——只要向长虹微信发送查询与地震相关的关键词，它就能推送有关地震的实时信息。与传统媒体的单向内容相比，通过长虹微信聊天机器人得到的信息更具有实时性、互动性和可参与性，因为沟通仍然是点对点的，在灾害来临时它对每个普通用户起到的作用甚至超过了微博这种公众平台笼统的信息覆盖。

其实，在很多时候品牌并不需要太多颠覆性的创意，只要对用户最习惯、最熟悉的操作进行细致到位的包装，也一定能得到用户的肯定。

与人们的日常生活最贴近的快消品，都在不同程度上引领了行业营销的步伐。在社会化媒体到来的时代，这些快消品品牌看到了机会。微信公众平台在开放不到一年的时间里，快消品行业对如何运用微信基本处于探索阶段。在微博上做得风生水起、偶尔还做出一些令人拍案叫绝的诸如“对不起体”、“呐喊体”的加多宝，并没有在微信上有太多精彩的亮相。那么，快消品品牌究竟该如何进行微信营销呢?

提起快消品的微信营销，总归是绕不过杜蕾斯，在江湖中它首创的陪聊式营销获得了极高的社会评价。

大家都知道，微信公众平台与微博完全不同，它虽具有媒体属性，但与微博相比，具有更强的精准性、私密性和互动性。正是因此，许多微信用户最初以为能与品牌进行一对一的对话收听品牌的公众账号，但用户们在关注了品牌账号并尝试与其聊天后，发现对方根本不像微信上的好友，而更像一部自动说话的机器。最终，在微信这个私密的空间里进行互动本来是一件可以为品牌加分的事情，最后由于用户体验后感觉不好而变成了一件减分的事。相信大多数用户都有过这种糟糕的体验，因而对品牌微信倍感失望。

有句话说得非常好，“哪里有需求，哪里就有服务”。因为大多数品牌微信都不能在与用户沟通上带去良好的体验，所以杜蕾斯站出来填补了这个空白。为了解决这个困扰大多数品牌的难题，杜蕾斯专门成立了8人陪聊组，与用户直接进行对话，对话一直保持了微博上的幽默风格，使用户对其“性趣盎然”。

作为快消品品牌，飘柔在微信营销方面也走上了这条路，不过它进行了一定的改良。飘柔在微信中给自己冠上了“小飘”的称呼，关注飘柔的用户会发现“小飘”不但能陪用户聊天，而且唱歌、星座运程指导等也是样样精通。能有人陪你聊天、为你唱动听的歌、给你分析星座运程，这种人性化的品牌服务可能没人会不喜欢吧！

陪聊式品牌微信满足了大部分用户私密聊天的愿望，因而大受欢迎，但这种方式面对的挑战也会比较大。当品牌收听者达到一定数量级之后，需要更多的专职陪聊人员进行维护，如果陪聊人员不能满足收听者的需求，就很可能影响收听者的体验，因此当收听者达到一定数量后，品牌该如何改进这种陪聊模式还需要进一步思考。

做一份超人气的微信方案

显而易见，微信这种新兴的社交工具满足了许多用户的胃口，在微信上许多企业开始做一些营销策划工作。一份微信营销策划就是一个活动的策划，要认真考虑的重点包括活动前的分析、微信营销要达到的目的、活动方案的具体内容等。如何做出一份有人气、有影响力的企业微信营销方案呢？不要操之过急，按照下面的步骤去做，你也可以做得更好。

1. 清楚企业微信营销的目的

掌握这一点非常重要。如果你不了解企业做微信营销的目的，那么你做出来的营销方案可能会南辕北辙。有些企业是为了给用户提供更便捷的服务，比如南方航空、招商银行；有些企业是为了更好地宣传自家的商品从而提升销量，比如星巴克、杜蕾斯。当摸清了企业的需求后，你才能更明确地选择使用服务号还是订阅号。有些企业在注册的时候选择的是订阅号，但注册后发现自己实际需要的是服务号，由于新注册的订阅号是不能升级到服务号的，所以企业只能重新注册。如果之前的号使用的是自家的官方名称，那么新注册的号在命名时就会非常麻烦。你当然可以开通两个号，但需要考虑清楚两个账号的不同分工，否则企业会自乱阵脚。

2. 运营微信账号 1~2 个月

计划在很多时候都是预估的，方案与计划不同，需要落实到具体每个细节的内容，包括账号运营的工作安排、分工、每日任务、活动等很多细节。要做出如此详细的方案首先需要一定的时间收集信息，而运营微信账号就是最有效的信息收集方式。

由于每种营销渠道的运营方式都是不同的，所以不能完全按照之前做营销的方式做微信营销。最好的办法是先运作1~2个月的公众账号，摸透微信里的营销玩法和套路，只有这样你的方案才能初步形成。如果你对微信营销完全不了解，那就直接把你认为做得最好的同行微信营销账号的内容直接照搬过来，尝试着亲自运作一段时间，然后再进行适当的微调。

在这段时间里，最好向企业申请一些资源组织活动，比如朋友圈转发、带朋友到店消费奖励、店面做促销打折等等，只要能给微信做活动支持的方式都可以选择尝试。还有就是与顾客互动，很多网友认为顾客提出问题之后品牌企业回答问题，这就算进行互动了。实际上，这是问答，不是互动。互动是需要企业的官方账号主动引导顾客进行交流，这才是真正的互动，简单来说就是增进与顾客的感情。企业也可以尝试与自己互补的行业账号进行文章内置推荐，就是在对方文章的底部推荐自己的账号，你的文章底部推荐对方的账号。这样一来，大家的顾客群大体都是相同的，但是产品之间不存在竞争关系，这样可以快速增加企业的账号粉丝数量。

3．分析数据和客户

到了两个月后，我们可以对这段时间的运营情况进行总结，包括对文章的阅读量和转发情况进行分析，哪类文章更吸引目标人群，客户的反馈、互动的情况，还有活动的参与程度和效果分析，这段时间对公司的业务有多大帮助的评估等。把这些相关数据做一张报表，然后对每组数据进行总结，比如文章，某种类型的文章阅读量和转发量极高，可以考虑适当增加这种类型内容的发布等。

4. 分析同行或相关账号

多数微信公众账号的运营者很少关注同行账号，一般都是关注自媒体或者一些讲微信营销的账号。其实，只有同行才是你最好的老师。有很多东西都不需要重新摸索，你甚至可以把他们成功的运营方式或者内容布局直接拿过来就用。如果你的企业所在的行业在微信方面还没有一定实力的竞争对手，那么你可以关注所在行业的相关账号。

5. 给人员分配任务

根据之前运作的情况，企业可以大概了解需要哪些人员负责什么内容、工作和如何安排任务，还有绩效考核如何评定。比如：我们可以按照文章的阅读量和转发量、用户内容信息查询的数量、互动效果、活动效果等评定绩效。当然，最好还是不要太快地把销售业绩放到绩效考核里，这样员工承受的压力太大，会影响运营的效果，而且有些账号是由一个人负责的。

6. 撰写营销方案

把前期的材料收集整理好后，你就可以开始撰写方案了。微信营销方案的内容格式如下：

（1）分析竞争对手

多数人都会在方案开篇写上前言，简要介绍一下微信用户的数量、微信有多牛，还有的会说些感谢领导指导之类的话。其实，这些开篇话对方案来说毫无意义，很多时候领导会直接跳过不看。因此，要写就要把有价值的信息写出来，而且能立刻吸引听众的眼球的信息。如果开篇就分析竞争对手，介绍他们是如何用微信账号提供服务或者推广商品的，那么你的方案一定能让听众提起精神认真倾听。

（2）客户最关心的事

通过与客户交流，你可以总结出客户比较关心的话题。例如：

将客户希望的产品功能、哪个服务环节不够完善、投诉最多的问题、需要改进哪些方面等列出来。这些都是领导非常关心的问题，也是微信给企业带来的另一种价值。

（3）分配工作

如果你们组成了一个团队，就必须列出每个成员所负责的工作，每天的工作内容是什么，还有绩效考核办法等。如果企业的微信账号由你一个人负责管理也需要写，为什么呢？你要知道很多领导都不知道你每天在做什么，如果你不说清楚自己做了哪些工作，老板会不断地把更多额外的工作交给你，使你无法专心做好微信营销，所以你要把自己所做的更新、客服、推广工作说清楚。

（4）微信能给企业带来的价值

开始动笔写微信能给企业带来的价值，记住在中间写上企业的名称，写上企业的名称会使看方案的人有一种量身定制的感觉。这里需要分析一下，目前企业的哪些业务或产品可以在微信上提供服务或者营销推广，与竞争对手的微信账号比较后建议企业使用服务号或订阅号。如果这里加入前期运作的数据分析会更好，最后写上微信营销能为企业带来哪些价值，比如使业务更便利、更好维护客户、提升业绩等等。

（5）某项活动的情况

这部分可以把之前在微信上做的活动的效果、报名人数、客户转化等列出来，接着分析哪里做得好、哪里需要改进，以后企业可以通过微信组织哪方面的活动等。注意这部分内容是微信营销方案的重点，尤其是大企业，更要尽量把内容写得详细些，方便以后组织微信活动可以申请更多的企业资源。

（6）微信账号运营计划

在这里把微信账号的内部栏目设计、运营方式、营销方式都写出来，比如每天发哪些内容的文章，自定义菜单设置哪些栏目，对应的栏目有什么内容、何种作用，如何推广微信账号，活动如何组织等等。最好能在这里写出近期将要做的几个活动计划，顺便可以申请一下活动支持，是否需要购买微信第三方系统等等。在此还可以做个费用列表，使你的领导清楚需要的大致费用，最好能注明哪些费用是重要的，哪些费用是不重要的。还有就是要写清楚需要哪些部门的配合，以便使你的领导事先帮你沟通好，或者在开会的时候先让他们知道。

7. 微信账号的发展计划

这一步算是预估未来这个微信账号的粉丝增长量，对企业的业务和产品的帮助有多少等做一些预估。一般情况下是列一张表，说明一下每隔 3 个月账号会发展到何种程度就可以了。

每次微信活动方案的策划犹如一个大秀场，没有观众的演出不能说是成功的，没有人气的活动策划更谈不上成功。掌握了上面的策划步骤，相信企业的微信活动策划方案定能绚烂如花。

1号店的深度微体验

1号店“我画你猜”

“我画你猜”是一款非常流行的小游戏，相信很多人都玩过，人气超高，而微信又是必备的应用软件，如果将二者结合起来，效果一定会更好。

其实，“你画我猜”的概念来自于火爆的App游戏Draw Something（一款画画猜单词的社交应用，通过用户与朋友的协作或者与对手竞争完成画画猜字的过程），而在1号店的“你画我猜”营销活动中，对游戏的方式稍微进行了调整。在关注1号店的微信账号后，每天微信会推送一张图给用户，接着用户就可以通过回复答案的方式来参与游戏了，猜中并且在名额范围内就能获得奖品。

在微信公众账号的群发消息中，设置发布图文形式的活动，具体活动为“玩我画你猜，赢惊喜大奖”。活动分为三个步骤：

第一步，关注1号店的官方微信；

第二步，每天接收1号店的一幅画作；

第三步，猜出答案发送给1号店。

将有趣的猜图游戏和紧张的抢答结合在一起，用户用非常低的成本就能获取实实在在的奖励。这样的活动使手机端的用户与Web端互动起来，1号店以非常低的成本为电商平台导入了大量有针对性的流量。

1号店基于微信的互动属性，开展互动式的竞猜活动，借助奖品对粉丝进行有效的激励，最终达到品牌植入和粉丝增长的目的。这种活动实现成本低，而且巧妙利用奖品吸引粉丝的关注，对粉丝进行物质刺激，刺激粉丝回复问答，通过互动提高微信粉丝的活跃度，提高公众账号的粉丝质量。毫无疑问，这种活动是在微信公共平台上较易实现的行为，但其局限性是必须具有一定的粉丝基数，这种活动才是最有效的。

所以，在这里提醒商家，微信营销初期在粉丝基数不够多的情况下，开展推荐粉丝的互动有奖行动，通过推荐粉丝的关注，推荐人可以将自己推荐的粉丝 ID 和名称统一发送给公众账号，公众账号的运营人员根据推荐人推荐的人员数量进行排名，发放实物奖品，一定要真实可靠才能使人放心。

1 号店打造微超市

1 号店与微信合作打造 1 号店微超市，这是在社交平台上 1 号店的首次创新尝试，用户可以在微信订阅号上直接下单，实现移动超市的新体验。下面我们一起体验这种微超市。

随着如今都市生活节奏的加快，工作繁忙的白领们常常很难抽出时间去超市选购生活必需品。1 号店通过深入调查了解到都市白领们的这种需求，便与微信合作开发了“微超市”入口，恰恰将都市白领们的超市需求送到面前。以广东站为例，微超市的商品囊括了白领们需要的各种生活用品，从食品类的粮油、牛奶、酒、零食，到厨卫清洁类的洗衣液、纸品以及个人保健、养护用品等。据悉，目前 1 号店广东站微超市自建立以来，订单数量与日俱增，可供选择的商品也逐渐丰盈，而且微超市会定期安排一些促销活动。比如：5 千克包装的泰国苏吝香米买一送一，该促销活动一经推出，就荣登最畅销单品第一名。

1 号店微超市除了提供优质特色的商品给用户专享外，还深度运营微信公众账户，定期组织主题活动，与粉丝进行深度互动，给用户带去新鲜专属的购物体验。公众订阅号“1号店广州站”曾组织了“家有萌宝”的活动，受到了很多年轻妈妈的普遍欢迎。“家有萌宝”主题活动是在每周发起妈妈参赛并拉票，周冠军会为宝宝上头条，月冠军做专访，总冠军会成为站内的母婴代言人。至今各期活动引来了无数妈妈们的积极参与，已经有300位妈妈正式报名，总投票数超过4000。除此之外，凡在微超市下单成功并在朋友圈晒单的用户，还将获得10元优惠券。

对于电商来说，移动互联网成为必须拥抱的业界形态。“微超市”是1号店在移动互联时代的又一创新，也是1号店探索移动端顾客特权和权益的重要实践，并成为1号店加快打开非一线城市市场的利器。借助移动互联的大趋势，配合营销推广，1号店“微超市”将带给顾客们不同凡响的移动购物新体验。

除了广州站的微超市外，1号店还在山东站与福建站尝试各地差异化深耕运营。例如，福建站的微超市以热销商品为主；山东站的微超市则聚焦进口商品，集中口碑直营进口，使用户的微信选购更放心，其中进口牛奶、进口零食、进口小家电、进口母婴商品都是畅销不衰的团购品类。

使顾客能足不出户就挑选到很多实体超市中的生活必需品，还可以在线直接微信支付，这是1号店微超市的使命。微信将承载更多的移动支付，省时省力又省心。

“点赞”勿失诚信

2014年，“你点‘赞’，我就送！”近一段时间，“点赞送礼”活动在微信朋友圈里流行起来，电影票、蛋糕、餐具、户外用品等礼品吸引了朋友圈里用户的眼球。虽然有人如愿以偿兑换到了商家承诺的礼品，但商家临时更换商品、以“商品已发完”为借口的情况也时有发生。用户们不但感觉被商家“忽悠”了，而且帮忙点“赞”的小伙伴们的心也被伤了。

“点赞送礼”席卷朋友圈

一位北京市民王芳曾兴奋地向朋友展示了一张电影票，这是她通过“点赞送礼”活动获得的“战利品”。最近，王芳的微信朋友圈里铺满了“点赞送礼”的各种活动，当看到“集齐30个‘赞’即获得一张电影票”的活动时，王芳也心动了。于是，她在自己的朋友圈里转发活动链接，并号召圈中好友为她集“赞”。

现在，每当碰到“点赞送礼”活动时，她都会第一时间转发，然后让身边的朋友帮忙点“赞”。

很快，30个“赞”的要求在小伙伴们的帮助下顺利集满了，当王芳在朋友圈中展示了这张通过“点赞送礼”换来的电影票之后，朋友们不再将信将疑，并纷纷转发活动链接。“这是我通过‘点赞’换来的第5件奖品了，现在我的朋友圈里都被‘点赞’刷屏了。”王芳说。

“点赞送礼”不兑现

几家欢喜几家愁。虽然有很多人从“点赞送礼”的活动中尝到了甜头，但是也有不少参与者被商家狠狠地“忽悠”了。一名公司职员李浩在名为“明兴电器”的微信公众账号里看到这样一条信息：“集齐 80 个‘赞’，就能获得蔷薇刀具一把。”但让他意想不到的是，这第一次集“赞”却给他泼了一盆冷水。

李浩说：“当时我也没想太多，想想也就是让朋友们动动手指，对大家都没什么损失，何乐而不为呢？”当李浩集齐了 80 个“赞”后到商家的指定地址领奖时，商家给他的答复竟是“活动已经结束，奖品已经没有了”。“活动宣传图片上明明写的是 1 月 31 日截止，这明显就是蒙人呢！”李浩气愤地说。

其实，被商家“忽悠”的人不在少数。某高校教师赵燕述说了自己的“点赞”经历。“我看到朋友转发：只要关注‘户外在线’的公众账号，并集齐不同数量的‘赞’，就能获得相应的奖品。”赵燕说：“当集齐 80 个‘赞’后，我通过微信向商家索要登山包，对方却告诉我礼品已发完，而且是自动回复的。”

“一不花钱，二不赔钱，只图一乐。”这是赵燕参加这种活动的初衷，但在她看来，这样的活动是一种隐形的欺骗行为，扰乱了正常的营销秩序。“这种违约行为一方面打击了参与者的热情，而且使大家对微信上这种创新的营销方式产生了质疑，微信只能‘微信’了。”赵燕说。

商家更需诚信经营

既然商家承诺集满“赞”就送礼品，那么说好的礼品为什么不兑现呢？对此，记者拨通了一个曾经搞“点赞送礼”活动，却提前结束活动的户外运动品商家的电话，决定一探究竟。

该商家的经理告诉记者："一开始只是为了宣传目的尝试一下，确实也准备了礼品，但是没想到参与的人越来越多，我们实在是招架不住了，没办法只能提前一周结束活动，现在天天都会接到索要礼品的电话。"

长期研究消费者行为和营销管理的一位大学教授认为，商家的这种行为是一种短期行为，严格来说并不算是营销，只是一种销售行为而已。商家只是通过这种方式，利用人们逐利的心理吸引消费者的关注。

"这种销售行为运用得好能够共赢，商家小投入换来大影响，消费者也能从中获得实惠。"这位教授说："但是，一旦商家在微信营销中存在虚假宣传，就破坏了这种产生共赢的方式，反而损害了商家的信誉度。无论何时，诚信经营才是最好的宣传手段。"

关于"点赞送礼"中商家无力兑现的行为是否触犯法律，一家律师事务所的律师表示，根据合同法规定，商家在微信平台发布的点"赞"活动属"要约"，消费者按要求完成点"赞"属"承诺"，至此双方形成了消费合同。商家不兑现承诺是违约行为，要承担违约责任，消费者有权向消协投诉或法院起诉。"但是，目前网络营销监管的相关法律比较滞后，因此，消费者切勿盲目跟风，在参与活动前要和商家进行沟通，了解活动的真实度。"这位教授说。

当心，别把微信玩死

个人微信账号怎么玩都行，但是企业微信肩负着营销推广的重任，不好好运营就会走上绝路！下面介绍几种常见的容易将微信玩死的做法，企业商家千万不要误入歧途哦！

1. 天天做促销

如果是一家卖箱包的电商，一位顾客已经从你这里购买过 2~3 个包了。即使你天天搞促销活动，顾客能需要那么多包吗？如果是一家卖化妆品的电商，1 个月之前顾客购买的化妆品还没用完，你又开始搞活动，顾客能需要吗？

在微博里商家可以天天搞促销，因为这样不会影响顾客们的生活。微信可完全不一样，它会影响顾客的生活。有一位朋友订阅了很多电商的微信账号，下面让我们来看看一家电商如何进行疯狂的促销吧。

一家电商突然意识到没有天天做活动，于是连续三天每天做促销，发大量的信息给顾客。这家无知的电商最后把微信营销带入了歧途。起初，大家关注你是因为有新鲜感，后来发现它影响了我们的生活，就会纷纷取消关注。许多无知的电商一直这样玩下去，三个月、半年死一批，最后把微信营销送上了绝路。

2. 强推内容致死

说到微信 100% 的到达率，不知道有多少企业都会表现得异常兴奋，但是请不要忘了谁都不喜欢被强迫接收内容。无论用户是否喜欢你发送的内容，都要阅读这些内容。即使他不阅读，也要花时间对这些内容进行一定的处理。

如果在推送内容之前，商家先与读者沟通一下，告诉用户今天他可能阅读什么样的内容，他是否感兴趣。这样不但表现了商家对用户的尊重，而且用户可以选择是否阅读你推送的内容。据对强推内容所做的一些调查显示，多数用户都非常不喜欢强推的内容。所以，尽量不要强推内容给用户，这会使大量用户取消关注。商家应该让用户自己索取想阅读的内容，给用户更多的选择，尊重读者，而不是强推内容。

3. 内容为王，还是沟通为王

首先我们先来了解一下腾讯对微信的定义：微信是手机通信软件，可以通过手机网络免费发送语音短信、视频、图片和文字，可单聊及群聊，支持Ios、Android、塞班等多种平台手机。

从上面的定义中我们可以发现，腾讯在微信上开发的一切功能都是为了人与人之间的沟通、交流，微信公众平台也是搭建了企业与顾客的沟通桥梁，不是什么所谓的神器。

有人说，内容为王，其实这并不完全正确。企业推送的内容是为了创造与顾客沟通的话题而已，所有认可与价值都来自于沟通，所以，尽量创造更多与顾客沟通的话题，发布一次内容就是创造一个沟通的话题。还有就是无论商家有多忙，都要在第一时间回复用户。有很多企业用机器人为用户服务，可想而知起初用户都没有跟机器人沟通过，感觉跟机器人沟通是一件很新鲜的事情。但是当用户真的遇到问题需要帮助的时候，一个机器人是不能解决用户的实际问题的，最后的结果只能是取消关注。

4. 不做服务，取消关注

如果企业获取了6万粉丝的关注，就要做好准备为这6万粉丝服务。如果没有准备好，那你是在玩火吗？企业一定要清楚，做好微信营销并不是那么简单的事情，通常用户取消了关注等于是一辈子的拒绝。

这个月企业获得了 10 万粉丝的关注，再过一个月 6 万粉丝取消关注，就意味着有 6 万用户拒绝购买你的商品。用户之所以取消关注，一定是因为企业做了伤害顾客的心的事情。

企业想做好微信营销，首先要学会如何服务好 500 个、1000 个、5000 个目标用户，再获取更多粉丝的关注，建立大客户数据库。如果不能为 500 个粉丝做好服务，何谈 6 万、10 万、20 万粉丝呢？所以，一定要当心，千万别把你的微信营销做死了。

微博和微信还是有很大差别的，千万不要用运营微博的那套办法来运营微信。如果你正在用上述的某些错误方法做微信营销，那么请赶紧悬崖勒马吧！

第 5 章 个人微信力，好玩又能赚到钱

一群成长中的“草根”，把微信平台看作是继 App 之后的创业新天地，并不断涌入其中。难道他们的创业机会真的来了吗？微信创业是真正时尚前卫的工作。很多朋友可能都会自问：“我能不能通过微信创业呢？我究竟适不适合微信创业呢？”微信草根创业群体心怀激情，却很迷茫，从某种程度上说是因为对微信没有清楚的认识。其实，并非每个人都适合微信创业。

适合微信创业的那些人

大家都知道，我们说的微信创业一直是一个低门槛、高回报的创业项目。我们看到了自媒体的不断壮大，电子商务的日趋成熟，游戏的发展，应用HTML5、第三方开发平台及行业解决方案等潜藏着太多的创业机会。既然机会就摆在眼前，又有人通过微信赚到了钱，你是不是早已跃跃欲试，也想用微信赚点零花钱呢？有人说选择大于努力，这话说得确实没错，所以我们需要知道哪些行业适合进行微信创业呢？

1. 与互联网比较近的行业。

2. 短决策类的服务和产品，如日用百货、餐饮、家政、数码、医疗等。

3. 长决策类的服务和产品，如汽车、房地产、家具、金融、教育等。

4. 非关系类导向销售的行业，关系导向的则不行，如服装OEM（Original Equipment Manufacture的缩写，原始设备制造商）、数码OEM等，需要应酬的不行。

微信创业是真正时尚前卫的工作。很多朋友可能都会自问："我能不能通过微信创业呢？我究竟适不适合微信创业呢？"的确，并非每个人都适合微信创业。究竟应该把微信创业作为第一职业，还是第二职业呢？这要根据自己的具体情况来决定。

1. 中小企业主

对小型企业来说，毋庸置疑微信创业将成为一种必然的选择。

如今微信的便利为他们提供了一片广阔的天地，解开了中小企业产品“销售难”的死结。不受地理位置、经营规模、项目等因素的限制，只要上网就能共享资源。中小企业在微信上与知名大品牌具有平等的地位，而且可以进行以前想都不敢想的全球经营。

2. 刚起步的创业者

相对来说，微信创业的风险较小，只要能有一点收入就会很开心。创业者在初创阶段，知名度较低，没有人知道自然也就没有生意，开个微信账号让客户知道有这样一家店铺，网民也可以用搜索引擎找到店铺的链接。不断扩大知名度就迈出了创业的第一步。

3. 拥有产品货源的小商户

有产品货源，那就意味着拥有资源。这样的小商户需要的就是更好的销售推广，可以选择微信创业，一次投资。专业的推广马上就能收到立竿见影的效果。微信创业的一个必要因素就是货源，对有产品货源的小商户来说，微信创业是一种很有眼光的选择！

4. 每天在网上活跃的人

经常在网上活跃的人，可以学到更先进的技术，可以把自己的微信账号打理得井井有条。更重要的是，如果他具有专业特长，就可以成就自己的微信事业。

5. 自由职业者

不少自由职业者喜欢上网冲浪，他们开设微信账号并不在意自己的东西能卖多少钱，而是希望那些平时逛街买来的东西一样有人欣赏和喜爱，其目的是通过与别人聊天充实自己的生活，寻找一些志趣相投的朋友。因此，这类人的投资风险较小，可以此为契机，拓宽社交圈子，为自己事业的发展做好铺垫。

6. 把网络当作理想的人

如果你喜欢网络，希望未来的生活不再奔波，过着属于自己的

IT 白领生活，那你一定是非常热爱生活的人。微信将不会昙花一现，微信营销必将成为继微博营销之后的又一个新方向。如果起步很早，你很可能成为行业的领跑者！

7. 整天忙碌的企业白领

整日忙碌的企业白领在微信里可以找到自己做老板的感觉，可以结识更多的朋友，而且对本身就是客户不断、电话不停的白领们来说，多一个电话又何妨呢？这正是他们的一种生活乐趣。回到家中，和爱人一起在网上上传买回来的新产品，是一件多么惬意的事啊！对他们来说，这也是一种寄托、一份第二职业。

“草根”们的微信创业

对3亿人群中的大多数人来说，微信是一个社交平台，可以和朋友通信、群聊、分享照片；对很多企业来说，微信成为流行的营销工具，在公众账号上推送相关的商业信息。然而，还有一群成长中的“草根”个人或团队，把微信平台看作是继App之后的创业新天地，并不断涌入其中。难道他们的创业机会真的来了吗？

不为人知的热闹景象

“现在平均每天都能收到六七份关于微信公众账号的商业计划书，最多时有30多份。”2012年9月，专注于微信创业的投资基金——金种子创投基金诞生。作为金种子创投基金联合创始人，董江勇切实感受到这个创业群体的壮大。

2012年8月，微信公众平台服务悄然上线，其他互联网产品可以通过微信提供的开放接口导入和输出内容，微信从此开始了通讯工具到社交平台的转变。而公众账号的推出，除了让原本活跃于微博的政府、企业和机构有了进入微信的通道，而且使个人和中小团队创业者看到了新方向。

炎黄网络CEO管鹏运营着一个微信公众账号导航平台。在这个平台上，聚集了超过3000多个公众账号，类型从媒体到工具，从生活服务到电商，应有尽有。管鹏表示，腾讯官方并未公布公众账号的具体数量，这3000多个都是由账户运营者自己提交的。

俞晓林曾在Android系统上发布过两个工具类的App，因为没有任何营销投入，下载数量都没有过千。自从微信公众账号开放后，他摩拳擦掌地准备“跳槽”到微信。“我现在特别看好‘微信路况’这样的账号，实时路况查询功能确实能吸引每天都要出行的用户，特别是庞大的驾车一族。”据了解，目前俞晓林所说的微信路况用户已经超过500万，除了路况查询外，未来还将提供与好友两点之间的导航信息等众多使用功能，甚至包括语音查询路况、收听前方路况播报等“车生活”功能。俞晓林毫不避讳地表示，他可能会从类似的平台功能入手，把“行”和“食”连接起来，虽然明知未必会成功，“但可以一试”。

个人和中小团队为何争相涌入微信公众账号呢？低门槛是最主要的原因。另一方面，由于现在用App的方式做移动互联网的成本比以前高得多，开发者不仅要分别开发Ios和Android的版本，更要投入资金和精力在后续的推广上。在以排行榜姿态呈现的App商店里，尽管官方会制定惩罚机制，但刷榜已经成为普遍的开发者的生存方式。在微信公众平台上呈现的是另一种景象，因为目前微信的公众账号必须通过搜索才能找到，即使关注者也不能看到账号的粉丝数，也没有类似App商店的排行榜供参考。

开发者有喜也有忧

在这场隐藏的创业大战背后，开发者们一边庆幸低门槛带来的机遇，但他们也会因此而受牵绊。

2012年11月29日，一个名叫“主妇快餐”的微信运营系统突然“消失”。这一切缘于当晚微信公众平台的调整：微信收回了公众账号内容的编辑权，提供了统一的图文消息编辑器，公众账号不再需要预先制作网页链接，因此，诸如主妇快餐、V5推推、聚微信等第三方微信内容运营平台被秒杀。

在微信公众平台调整之前，公众账号的运营者可以通过第三方运营平台，在已经编好的程序中方便地互相推送账号、一键分享至朋友圈，形成与微博营销相似的玩法。很多微信用户应该还记得，2012 年 11 月 29 日之前，朋友圈一度被转帖刷爆了。这是由于一些已具有一定人气的公众账号用性格和年龄测试引诱用户转发，开展病毒式营销。

据微信内部消息，这两家始作俑者的公司受到了禁言 15 天的处罚。对它们这种已具规模的公司来说，这件事也许无足轻重，但对那些靠营销维持生计的草根账号，此举无疑是一次沉重的打击。显然，微信政策的调整对营销账号提出了一个明确的警示：微博那套在微信没有用。此后，很多“草根”不敢轻易发布产品，害怕触犯了官方的某个关键词而遭到秒杀，也有许多粉丝量小的账号觉得微信并不扶植草根，所以干脆放弃了微信平台。

也有“先行者”早早地给后来者泼冷水的。IT 媒体与社交平台 IT 茶馆在第一时间开通了微信公众账号，并通过网站、QQ 群和邮件列表等方式宣传。但 IT 茶馆在使用了一段时间后发现，这与草根微博的性质完全不同，基本上不太可能存在草根微博类似的商业机会，运作成功的话需要高投入成本。在 IT 茶馆看来，微博平台的核心依然是内容传播，因为微博需要大量的优质内容，于是出现了草根微博。微信是强社交关系平台，用户使用微信是为了与好友交流聊天，替代短信和电话。用户可以不关注草根微博的信息，但微信的信息推送具有强制性，而用户对垃圾短信会本能地感到厌烦。只有强互动性的公众账号才能赢得忠实的粉丝，这会把维护成本催高，因为需要花费大量的时间与网友互动，并筛选有价值的优质内容。

而微信隐藏了公众账号的排名，这种做法虽体现了一定的公平，但使一些已经显山露水的公众账号感到不满。微信路况所属的车托邦 CEO 吕春维坦言道，在公共平台上搜索"路况"就会出现鱼龙混杂的账号，伤害了他们这种投入较大的创业团队。

开放下的有序创业

近来，在微信创业者聚集的圈子里，讨论最多的就是微信 4.5 新版本的更新。很多人下载体验了内测版本，并分析了微信的变化和使用心得。比如：新加入的语音识别功能使更多的创业者对微信的功能心存期待。内测版本的另一个重要改变是，原来的"公众账号"变成了"应用账号"，这在一定程度上体现了微信削弱媒体属性、提升应用平台属性的思路。

在董江勇看来，未来微信创业可供选择的方向有三个，而这些与微信自身的发展和演进紧密相连。

1. 为微信的产品提供产品。最大的可能方式是供应商采购，小部分可能是外包，比如：模板、表情、皮肤、数据分析、插件等。

2. 应用开放平台。创业机会来自于以公众账号为通行证的应用开放平台。通过成为公众账号的粉丝，用户能够阅读多媒体内容、查询有价值的信息、购买感兴趣的商品、参与数字娱乐和体验便捷的本地化服务等。其中，类似移动梦网模式的"内容出版与发行"适合被媒体用于用户的订阅阅读，被广告、公关和营销公司用于推广宣传，适合企业为忠实的粉丝提供最新的公告信息等。

3. 数据开放平台是指微信将把数据、数据关系和数据运算等，在确保安全、稳定、快速的前提下，对创业者开放。接入数据开放平台后，创业者可以专注于为用户提供更好的内容、产品、商品或服务，不必担心用户该如何获得、如何管理、如何营销等问题。服务器、带宽、运算能力、用户隐私等问题也能够依托平台得到解决。

目前来说，微信草根创业群体心怀激情，但也很迷茫，从某种程度上说是因为对微信本身的不明朗化。董江勇强调说，微信的核心功能一定是通信，其次是社交，第三才是其他功能。凡是影响到前两种体验的，微信都不会任其发展下去。

粉丝经济的"自商业"时代

2014年3月4日，腾讯宣布，此前尚处于内测阶段的微信支付接口，即日起对通过微信认证的服务号全面开放。截至目前的各商品类目需缴纳保证金2万元，费率0.6%，结算周期为T+7。

微信支付对外开放意味着，微信商业化即将形成闭环。腾讯宣布，本次微信支付开放面向已经通过微信认证且其经营范围属于首次开放类目的服务号。符合资质的服务号可以申请所有开放的类目，目前只限实物类的经营，包括商超百货、服饰鞋包、母婴食品、数码家电、图书、化妆品、汽车及配件等20多个类目范畴。

2013年，微信公众账号开放了注册和运营、免费开放地理位置、客服等9大接口，此外还首次提出模式识别开放的概念，提供公众账号语义解析与智能客服技术平台。

不需要太多努力，我们就能弄清楚，对正在挣扎中的创业企业来说，腾讯、阿里和百度最近一段时间的布局和收购，让很多创业企业感到绝望。此前，查路况、查信用卡、订酒店、订外卖等小创业层出不穷，现在这些类别的创业企业都将感到微信聚合带来的寒意。

据报道，曾有一家企业要做中小企业的商户自助管理平台，现在微信也将可以自由接入用户、自主管理用户体系。在这样一个有太多竞争者存在的环境中，凡与之冲撞的创业者，如果不具有特殊的本事，显然无法占据立锥之地。但对另一部分创业者来说，微信开放支付接口，完成商业化闭环，也给他们带来了很多机会。

目前看来，微信在这一领域的创业机会，还仅限于实物经营，但未来其他领域包括游戏、出版、自媒体等数字内容必将纳入其经营范畴。其中，最适合微信创业的，当属粉丝经济的“自商业”内容。

“自商业”意指和“自媒体”类似，依靠高黏度、小众群体的垂直商业领域。只要目标消费者对此有偏好，就可以直接纳入微信中运营。例如：苹果、小米如果开设微信运营，一定不会缺少粉丝；一些奢侈品牌若在微信上组织特价限时抢购，相信也会引来大量拥趸。

如果你的新产品，能够受到用户的喜爱并口口相传，相信微信会成为你全新的运营舞台。例如：你发明了一个全新的智能 Wi-Fi、智能腕表、智能……如果能够获得第一代粉丝，那么微信就会成为你营销和赚钱的舞台。

其次，“自商业”还包括品位产品。从海量内容中淘出宝来，把能展示你品位的产品陈列出来，会吸引同样品牌的用户来观摩和学习。淘宝已经有类似的成功者，相信微信上也会有复制的机会。

再次，认真运营你的自媒体，或者你创业项目的微信公众账号。有一天，虚拟产品也可以售卖的时候，你将会因此而得到一个难得的机会。

目前，移动支付的普及率还不足 10%，使用者更是非常有限。但这一趋势不可逆转，也就是说，现在布局者将有望获得 Ios 开发者率先进入 App Store 那样的机遇。

不过，这样也并非没有风险。微信经营只适合粉丝经济，对于其他内容，粉丝买单的概率恐怕没有那么高。对于全新的创业者，如果没有特别强大的用户体验，一切都可能是徒劳无功的。

淘宝商家的"微信经"

大家都知道在淘宝上开店要面对巨大的竞争压力，还要面对如何与顾客保持良好的关系，向顾客销售更多的商品。下面进入谈论的主题，首先我们要弄清楚淘宝卖家怎样才能做好微信营销呢?

1. 淘宝导流锁住顾客

大家知道，每天都有成千上万的人在淘宝上购物，每天都有很多的潜在顾客进入淘宝店，所以，非常关键的一点是我们如何快速把这部分潜在顾客锁在我们的微信中。如果想锁住那些潜在顾客，最好的办法就是送价值、给利益、搞活动。

在自己的淘宝店上，设置微信二维码供潜在顾客扫描。只要成为微信顾客，就能享受商品 8 折的优惠、送免费产品、送积分、免邮寄费用等。

2. 做好个人微信账号

个人微信账号的价值是公众账号的1000倍。为什么这样说呢?因为公众账号经营起来需要很多时间。每个星期你都要花一部分时间写文章，寻找有价值的内容进行宣传。要做好这项工作是非常困难的。

大家都知道，很多淘宝卖家一般只有 1~2 个人来经营。更重要的是，你不会写作却想把公众账号经营好是一件很困难的事，所以，淘宝卖家只要做好个人微信账号也可以获得很多订单。

(1) 个人微信账号管理起来相对简单一些，每天只要写上 30~40 字有价值的内容，就可以很好地与顾客进行互动、交流了，并不会打扰顾客的生活。

（2）个人微信账号可以快速展示自己的淘宝商品。顾客有需要就可以直接跟你联系，并购买商品。

（3）一对一的沟通能快速建立信任。个人微信能实现一对一的快速沟通，并产生一定的信任感。只要顾客对卖家产生了信任感，成交就不是一件太难的事情。

（4）可以随时进行商品促销。通过个人微信进行商品促销变得更简单。拍一张新商品的照片分享到自己的朋友圈里就可以，不用像公众账号一样写文章、制作精美的照片等。

3. 公众账号越来越失去其价值

大家知道只要做群发功能，越做就越失去它的价值，就像QQ群发一样，群发到最后群里的邮件都变成了推销广告。很多群主干脆关闭了群邮功能。

公众账号也是一样。商家为了追求利益的最大化，就会利用公众账号每天搞促销、做广告，最后的结果是，大家纷纷取消关注。QQ群发就是一个很好的例子。所以说，公众账号会越做越死，最后有价值的只能是个人微信账号了。QQ邮件群发失去了价值，现在只剩下有价值的QQ了。

跨入微信时代后，你的客户都在你的手机中，带上你的手机就可以做生意了。每一种互联网新工具和媒体的诞生，都会带来新的创造财富的机会，当然也在改变人们做生意的方式。

"阿虎烧烤"的微信新思维

在"互联网思维"成为热词之后，许多草根创业者开始运用互联网思维进行经营。下面分享的这个案例是在浙江湖州随处可见的一家路边烧烤小摊。店主通过微信自助下单，并通过线上、线下结合的实践和营销方式，使小摊的营业额3个月翻了3倍。

一家路边烧烤摊怎么会走上O2O之路呢？阿虎烧烤是一对夫妻经营数年的路边烧烤摊，由于夫妻俩的诚信和绝佳的风味积累了一定的人气，但受限于城管执法和天气的原因，他们的生意并不稳定。

2013年7月，湖州加大城市整容监管力度，烧烤摊陷入了难以为继的生存困境。阿虎夫妻俩准备回老家，而此时他们的朋友王铭卫出现了，他萌生了利用互联网做烧烤生意以帮助阿虎渡过难关的想法。幸运的是在互联网上有许多免费工具，这为草根创业者们提供了不少便利和机会。已经有了业务、场地和人员，接下来最重要的就是如何推广——让更多的人知道阿虎烧烤。

采取主动、活动和互动的运营方法

基于人与人的社会化营销是一种比广告更有效且节省成本的方式，尤其是注重用户服务与口碑传播的餐饮业更是如此，而作为当下最流行的社交媒体微博、微信自然成为最好的选择。一切都要从零开始，取好名字和设置头像后，接着就要着手运营了，最主要的三种运营方法是：主动、活动和互动。

1. 主动：开通微博后的第一个方法也是最笨的方法就是主动加关注，但这里又有一定的技巧。比如：只对本地及具有美食、吃货类标签的用户进行关注。

负责微博运营的王铭卫坚持每天关注200人，其中有至少20个人回粉；关注满2500人就用粉丝管理工具，清理掉一批没有回粉的无效ID，这个过程重复下来，原始积累的粉丝就有200多个。之后通过口碑宣传与线上活动，粉丝有了很大的增长，这种方法一直用到现在。

2. 活动：活动不一定有多新奇，关键就是能吸引潜在的消费者并促成二次消费，同时通过用户的口口相传达到广泛传播的目的，逐渐把粉丝变成顾客，到回头客，再到忠实的顾客。

阿虎烧烤推出了晒单分享送电影票的活动，但电影票是不支持个人领取的，只能在下次下单时同时送出。这次活动结束后送出了50多张电影票，粉丝的数量超过1000人。在烧烤淡季到来后，王铭卫又策划出“回味童年时光”系列活动。如果顾客的订单满50元，就送给顾客一个童年时代的东西，如铁皮青蛙、AD钙奶、旺仔牛奶等；如果用微信号下单，就可享受5元优惠等。他们还策划了“与大虎师傅合照发微博，就送秋刀鱼两条”的活动，有效地将线上人气引导到了线下。微博的分享使线上、线下形成了良好的互动。

3. 互动：社会化媒体本就是基于人与人之间的互动平台，没有互动就失去了原本的魔力。对顾客的每一句或抱怨或赞美或鼓励都应该有积极的回馈和反应，也才能在用户的心中留下美好的印象。

此外，主动征求顾客的意见使其参与决策是一种更高级的互动方式。比如：阿虎烧烤面临需要增加额外成本时，做了一个三选一的意见征集方案。方案一是提高每串烧烤的价格，多出的利润用来支付送餐工每月 2000 元的工资；方案二是每单增加 10 元配送费，不再提供免费送餐服务，顾客需要通过“跑腿公司”订购；方案三是提高免费配送的起送金额（原来是 30 元，后调整为 50 元），未满 50 元则顾客需交 5 元送餐费。最终的结果是方案三获得通过，而这种结果其实是设计者的有意引导。

把烧烤做成外卖配送

原来吃烧烤只是在路边，是一种“到店消费”，而把它做成外卖配送，却是一种“上门服务”。这是阿虎烧烤在业务模式上的大胆尝试和前所未有的改变。

在这个设想基础上，阿虎烧烤先做了一个菜单式的长微博图片，并将其置顶，用户通过电话下单再货到付款。但是随着订单的增多，一个人负责接电话远远不能满足需求，于是王铭卫开始推荐顾客用微信公众账号的直接回复进行下单，但这种方式还是太简单。最后，他请人设计了一套系统，用 HTML5 语言做了一个简单页面，结合数据库的下单网页，内嵌在微信里，实现微信里的下单功能。但最后由于服务器不够稳定，王铭卫购买了一套微信点单系统，在下单统计的智能化与用户体验方面做到了更高的提升，而且支持无线打印小票，大大提高了工作效率。

在 3 个月时间的 O2O 实践里，阿虎烧烤充分利用互联网方式不但做通做熟了外卖的整个流程，而且获得了线上线下的极高人气，更重要的是阿虎烧烤的营业额翻了 3 倍。据王铭卫说，只做路边摊时每日的营业额大概有 800 多元，而现在仅外卖一项每日的营业额就达 2000 元，再加上摊位的消费每日营收共计 3000 元左右。

但是这种“外卖烧烤”的模式依然存在短板，比如利润非常低。阿虎烧烤前两个月的净利润仅 1500 元、3600 元；而依靠规模化想在短期内获得更大的利润也是难以实现的。

开设实体连锁店的新方向

阿虎烧烤最终能走向哪里？王铭卫正着手布局实体连锁店。他解释说："烧烤这种商品现做现吃才是最美味的，放保温箱配送会非常影响口感和品质，因此烧烤本身是不适合做外卖的。更重要的是，卖烧烤最大的一块利润来自酒水，而外卖中酒水所占的比例极低，因此，只有做门店经营才能把这部分市场充分挖掘出来。还有 2014 年的足球世界杯是一个不可错过的最佳商机，到那时烧烤加啤酒肯定会有很好的销量。"当然，这并不代表他们会完全放弃外卖业务，王铭卫说他们打算在外卖方面只做限量。

看到如此多的草根成功案例，我们不禁感叹，微信大家天天都在用，有智慧的人却能把资源转化成财富。相信在不久的将来，微信会给更多的人带来无尽的财富。

微信来了，生意“火”了

如今利用微信做生意的案例不断充斥报端、网络，微信朋友圈里的生意究竟如何做才能“火”起来呢？接下来举出几个典型案例，从不同人的微信营销经验中总结出一些共性的东西分享给想创业的朋友们。

“慧虎”微信超市创销售奇迹

“本打算用一个月时间来销售 2000 袋大枣，没想到我的任务提前 3 周完成了。”王华虎，一个“80 后”，通过自己创办的山西首家微信平台超市创造了一个连自己都不敢相信的销售奇迹。

打开微信喊上一嗓子，顾客便能享受送货上门、货到付款的购物服务，这种便捷、新潮的商品销售模式正在成为一种潮流。王华虎的微信超市继 2013 年 12 月 13 日上线后，已成功销售卫生纸、面巾纸等很多生活用品。

王华虎创“慧虎”品牌

王华虎来自以枣闻名的吕梁市，在读大学期间他就热衷于创业。2006 年，读大四的他在淘宝网上开了一个山西省首家销售家乡特产的淘宝店，成为山西最早的电商创业者，并以5皇冠信誉级别在圈内小有名气。据媒体报道介绍，2012年王华虎的电子商务平台的销售额已超过1200万元。

2013年，王华虎创立了自己的红枣品牌"慧虎"，希望做全球红枣产业链整合电商。正在此时，以智能手机为媒介的微博、微信成为年轻人沟通交友的新方式。王华虎敏锐地发现了其中蕴藏的无限商机，"微信圈传播快、可信度高"。

用卫生纸、面巾纸等生活用品小试牛刀后，王华虎开始推广他的"慧虎"红枣。此时，共青团山西省委为王华虎的山西无忧网络科技有限公司青年文明号挂牌公示，授予其"2014年度青年文明号争创集体"，这也是团省委首次为山西网络电商授予青年文明号荣誉。

授牌的消息传出后，"慧虎"人气大增，客流量大涨，老顾客和王华虎的同行们对未来的发展充满了期待。2014年1月4日下午，慧虎无虫骏枣正式上市，截至1月8日晚，共售出自有品牌无虫骏枣2117袋，其中五星大枣1442袋，三星大枣675袋。

"原计划1个月售完，4天时间就完成了。"自称保守派的王华虎掩饰不住内心的喜悦，"微信圈里，百余名客户对此信息点赞或回复。老客户发来祝福，新客户增加点击，带动了整个销售，在聚华算活动和年货活动中，以往不太被看好的通货率也大幅提升。"

奇迹还在继续上演。"掌柜"王华虎说："不可否认，大家的信任、青年文明号的荣誉助推了企业的业绩与成长。"

29岁的王华虎带领他的团队在山西首次实现了从传统代理到自有品牌的转型。"脚踏实地，浩荡前行"是他的座右铭，王华虎曾在接受记者采访时说："通过这次销售奇迹，公司的整体氛围也在发生改变，员工们对公司的前途和未来更有信心，团队的凝聚力和战斗力也增强了，我很看好微信销售平台。"

微信不仅加强了社交关系，做本地人的生意，而且通过距离上的优势解决了用户最后1000米的配送，同时微信朋友圈里都是熟人关系，传播快，可信度高，较微博来说影响更大。

就在朋友圈里卖生鲜的翔哥

翔哥本名邵嘉翔，本是新民网的创始人，2013年3月离开媒体开始创业，目前依托微信在朋友圈里销售高端食材。翔哥的特供项目做了3个月，目前月销售额近10万元，平均客单价400多元，沉淀客户数百人。

起初，翔哥把生鲜放到朋友圈里卖纯属偶然。有一次参加展会，翔哥买了一袋新西兰产的北极贝，北极贝的味道不错，于是放到了朋友圈里炫耀。谁知里面有很多人都非常感兴趣，向他询问怎样才能买到。凭着十几年的媒体从业经验，翔哥从中嗅到了商机。

从开始创业到现在仅3个月，翔哥一个人，在微信朋友圈里卖掉了总值20多万的生鲜。在朋友圈里做生意的好处确实太多了。除了创业成本低之外，如果能形成良性循环的话，客户还可以通过晒商品的方式带来更多的新客户。翔哥算了一笔账，特供的粉丝目前有591位，每位客户可以潜在影响200人，维护好现有的客户就可以不断扩大客户的规模。假设每次推广活动都获得20位客户的朋友圈转发或发图炫耀，相当于能间接影响4000名潜在客户。

任何微信营销都需要两个基本条件：一是一定数量的好友；另一个是较为紧密的关系。翔哥十几年的媒体工作经验积累了与自己有紧密关系的优质人脉。那么，什么项目适合在朋友圈中做呢？翔哥的经验是：低决策高频率的商品。

之所以选择高端食材，翔哥拿出了5个理由：

1. 吃、穿、住、行、用5大领域里，吃是至今仅存的蓝海。消费者对于食品的品牌意识相较于穿、住、行要弱，普通消费者除了在高级餐厅能吃到高端食材外，再就是在一些超市能买到，但是价格贵且不方便。

2. 食材的品牌溢价空间大，而品牌化进度很慢。目前，消费者买食材并没有“牌子”的说法，所以竞争相对不是很激烈。

3. 食材是刚性需求，市场空间足够大。

4. 食材的反复购买率高。翔哥的两条3.5千克福利三文鱼，瞬间就被抢光了。

5. 在食材销售领域里不用担心会出现巨无霸企业，不用担心会出现大树底下不长草的情况。比如：生鲜行业的销售半径有限，即使北京有个微信生鲜哥，也不会影响翔哥的生意。

翔哥提到创业之初，货源是一个最大的难点。凭着三寸不烂之舌，供应商才答应把较少量的货供给他。其实在朋友圈里做生意，微信主的个人形象树立也是很重要的。看看翔哥的朋友圈，能总结出几个要点：新鲜、美味、健康、美食家、“洋”气又接地气，而且是一个“超级奶爸”。这样的形象塑造与熟练地运用微信平台是分不开的，翔哥打造出来的生鲜平台更是与他的个

“超级奶爸”翔哥

人魅力密切相关的。

翔哥总结了在微信朋友圈里做生意的几个要领：

1. 做低决策、高频率的商品；

2. 微信主在树立个人形象时，要能使人产生信任感；

3. 做营销需要了解如何传播。

做品牌营销真的需要很多钱吗？翔哥的创业故事告诉我们，如果你是一家小公司的老板，熟悉媒体的运作方式照样可以找到自己的生财之道。

卖米的"愤怒小鸟"闪亮登场

2013 年 12 月 1 日，上海国际马拉松现场一只"愤怒的小鸟"吸引了众多眼球，这只"小鸟"的真身是在微信上卖栗米卖火了的富军。在 2013 年，富军曾和爱人开玩笑说要卖米，之后开始向微信好友赠送大米，为他的大米营销创造了好口碑。

"愤怒老板"卖栗米

富军通过各种促销活动，大大增加了自己的微信好友。为了与这些好友保持紧密融洽的关系，富军平均每周在朋友圈里更新 6 条消息，并策划过一次效果良好的线下活动。

尽管没策划过品牌营销，但富军非常了解互联网的属性。一次事件营销会带来爆炸式的效应。于是，一只背着米袋子、贴满二维码的“愤怒小鸟”在上海国际马拉松现场闪亮登场了。

富军卖粟米的微信营销是成功的。到2013年11月底，他统计自己的全年订户有200个，销售大米200万元，而这些销售都源于他的微信好友。

微信线上卖鸡蛋

在办公室做了4年职员的尤达，2013年毅然辞职回老家承包了一片山地，做起了养草鸡的生意。之前，尤达的姐姐一直从事草鸡蛋的销售工作，通过农业合作社收买养殖户的鸡蛋，再卖给消费者，但这样的“二传手”不但增加了鸡蛋的销售成本，而且没有稳定的蛋源供应，所以尤达和姐姐决定一起投资兴建养殖场。一方面姐姐负责老渠道销售，另一方面尤达负责微信、微博直销的新渠道开发。

通过线上直销，尤达的微信账户分享了很多好友；在线养殖场、饲养过程的展示吸引了不少市民进行线上订购，尤达收到订单后直接配送上门。目前，尤达已经积累了2000多名相对固定的粉丝。

尤达卖的鸡蛋定价每只1.5元。线上交易9个月以来，先后卖了3万只草鸡蛋，实现了他最初预定的目标。

各显神通的微信水果铺

“鲜果买”巧获线下用户的心

用微信做电商，除了为创业团队省去了 App 的开发费用之外，对用户来说也是降低使用门槛的好事。但在优势之下，也有最令公众账号们纠结的问题：如何获取用户呢？在微信上卖水果的“鲜果买”团队有他们自己的想法。除了把物流外包出去，剩下的环节从进货到销售全部由自己的团队来掌控，“鲜果买”很看重面向用户的地推（即地面推广或地毯式推广）一环。鲜果买的创始人吴伟说：“核算下来，我们获取一个粉丝的成本是 5 块钱，但是下订单的转化率很高。”他们到底是怎样做的呢？

首先，用“免费”获取用户。在没有互联网渠道的时候，新开张的水果店如果想获得关注，也就是在店门口竖一块醒目的大牌子做促销活动，或者是让员工们手捧切好的水果分发给街上的路人试吃，但这样的宣传投入了成本之后却无法看出宣传效果，并且带来的客流很可能只是一时的。

而鲜果买的思路是，做活动—获取用户留存—再产生二次消费。比如：中午在办公大楼的一楼大厅里做活动，通过免费送橙子来吸引用户关注鲜果买的微信公众账号。很多白领有中午吃完饭吃水果的习惯，因此会愿意为了免费领取一个水果而关注一个公众账号，而鲜果买可以就此获取一个微信用户以及面向用户的现场营销机会。吴伟说，每一次活动之后，他们都会将活动时段关注鲜果买公众账号的用户在微信上分成一组，核算下来，获取一个粉丝的成本是 5 块钱，取消关注率在 12% 左右，但是下订单的转化率很高，平均下来有 12%~13%，而由于鲜果买的水果偏中高端，平均客单价则有 150 元左右。

除了送水果的营销，他们还尝试过与企业一起组织试吃活动。在每天下午三点到四点，刚好是大家有饥饿感的时间段，到大公司里进行合作试吃。200 人的公司带 50 份试吃装进去，这样没有拿到水果的人就会心生好奇，由此带来内部传播的效果。另外，他们获得了试吃后带来的销售机会，向试吃公司的员工营销鲜果买的会员充值卡和公司的福利卡等。这样一方面可以形成长久的有黏度的客户群，另一方面会员卡在馈赠等流通过程中会产生一定比例的遗失，可以做成期货的模式。

试吃的另一个好处就是，目前鲜果买的水果损耗在 10% 左右，有些因碰撞而在表面上变得不好的水果很难卖出去，卖出去了用户的体验也一定不好，因此这部分水果可以用于试吃，将损耗成本转化为营销成本。吴伟说："我的想法是明年条件允许的话，开一到两家果汁店，果汁店可以解决我们的库存问题，并将损耗成本降到零。"

至于为什么如此看重微营销，吴伟说他们也曾经想去公交车、地铁上做广告，但是这些广告的特点是大家乍看起来感觉非常热闹，却没有留下任何东西。如果把硬广砍掉之后，他们留下了一批粉丝，这些粉丝可以继续帮自己做宣传，而微信的朋友圈分享和微博上的传播都可以带来自然的增长，同时可以与自己的用户进行真诚的沟通。

我们把鲜果买的微信营销办法总结为3点：

1. 关注微信账号送水果，获取线下用户作为后期营销的积累；

2. 将损耗成本转化为营销成本，试吃增加营销途径；

3. 微信朋友圈分享可增加微信公众账号的自然增长。

“优鲜果妮”扫楼吸眼球

许熠是石家庄经济学院的一名大学生。在过去的3个月里，他和他的微信水果店“优鲜果妮”在学校里彻底“火”了一把。

作为一名大学生，许熠的创业灵感来自于为女友送早餐的偶然经历。“石经院共有学生1.7万名，其中女生6000多名。”许熠强调说：“女生几乎每天都要吃水果，如果按每个女生一个月50元的消费来估算，微信卖水果大有赚头。”

创业之初，许熠的“优鲜果妮”生意并不好做，常常等上一天才能有一笔几块钱的订单。许熠意识到，必须要发展足够多的好友才能有出路，因为微信营销的基本条件之一就是足够多的好友。于是，许熠和他的同学采取“扫楼”的方式来增加好友。他们把印制的宣传单、广告册分发到学校的教学楼、食堂、宿舍楼；利用课间休息时间在各个教室里播放“优鲜果妮”的宣传短片……3个月时间的“扫楼”后，“优鲜果妮”的关注人数达到了4920个，这些顾客大部分是许熠的同学。针对这种情况，许熠经常推出个性化的商品，各类水果组成的“考研套餐”、“情侣套餐”、“土豪套餐”频频吸引很多学生的眼球。此外，许熠的公众平台还会不时推送天气预报或失物招领等信息吸引更多的学生粉丝。

到目前为止，“水果哥”已经实现了每月4万的销售业绩。

“we 信水果帮”的低价算盘

华科大的几名学生发现了微信社交平台潜藏的商机后，组建了“we 信水果帮”销售水果。他们每天在微信公众账号上向关注自己的用户推送水果的价格和品种等信息，有意向的同学可直接通过微信公众账号订购。他们首次在校园推广时，刚开张两天就获得了 400 多人的关注，接到了 23 张订单。

该校电子学院的黄铁森和计算机学院的吴旋是“we 信水果帮”的创始人。与传统校园创业选择打电话、“扫楼”宣传商品等不同的是，他们尝试的是当下最流行的线上销售模式，这个线上平台正是微信。

黄铁森曾向记者介绍说，当公众账号后台监控发现订购信息并确认后，我们会尽快把水果送上门，验货后收到付款。他们在学校西门旁边租了一间房子作为库房，水果从批发市场运回来后，从这个中转站送到各个楼栋。他们的定价比校内水果店的水果价格每斤能低 0.5 元。这些降价空间来自“水果帮”的低利润要求以及在门面等方面省下来的支出。

we 信水果帮的标志

在谈到为什么选择用微信卖水果时，黄铁森说："与传统的网购相比，我们认为微信能做到'点对点的销售'。与实体店相比，它又具有下单方便、提供送货上门的便捷。"

当被问及创业与学习如何兼顾时，黄铁森笑着说，自己会保证不挂科，但是接下来的时间，他的精力主要会放在"we信水果帮"的经营上。他坦言，他俩的兴趣就是创业，现在做的这些不只是为赚钱，主要是想积累一些创业经验，并利用微信平台做出技术来。他们说："我们的目标是将来做到最上游，联系到果农，进行大市场的在线销售。"

“蛋糕哥”的自我营销之路

“天气越来越热，我计划在传媒店开发一个豆腐脑儿，不知道同学们喜不喜欢？售价约为5元左右！”在网络上非常火爆的“杭电蛋糕哥”楼智杭继推出小馄饨和肉夹馍之后，又在他的微博里贴出了新产品的预告。此外，他的理工分店还有不到半个月的时间就要开张了，财经大学的样板店也正在积极地进行筹划。

关于蛋糕哥的故事，很多人都知道。他在下沙卖了5年小蛋糕，后来因为杭州电子科技大学的一个学生为了应付作业而随机采访了他，结果使他在下沙迅速蹿红。他被学生们邀请到学校座谈，而且受到了媒体的关注。

从一个街边小摊贩，到如今分店遍布下沙大学城，在“杭电蛋

“蛋糕哥”楼智杭

糕哥”的身上发生的不仅仅是一个励志故事，更让我们看到了他成名的另一个关键——自我营销。

做了 15 年的亏本生意

楼智杭，浙江绍兴人，小学学历，15 年前就来到杭州打拼。他说：“我做过蔬菜批发生意，与人一起开过理发店，但是我没有技术，都亏了本，还开过麻辣烫店，也亏了。”

他回忆说：“2007 年，我开始跟一个师傅学习做小蛋糕，但师父的技术也不好，只能糊口罢了，后来我开始自己‘搞研发’。”说着，楼智杭拿出了自己的“吃饭家伙”，那是一个类似于两个网球拍重叠在一起的容器，绿色的手柄连接着上方黑色的铁饼。

“蛋糕哥”打开铁饼，把它放在煤气上预热，接着将事先制作好的蛋糕原料均匀地浇在铁饼里一个个花朵形的模子上，再盖上盖子。在不到 30 秒的时间里，一锅香气扑鼻的小蛋糕就新鲜出炉了。

就是制作如此简单的一锅小蛋糕，把他从做什么亏什么的境遇里解救出来，并成为网络名人，这让很多人都感到好奇。

经典雷人叫卖语录，“蛋糕哥”一炮走红

小蛋糕口感软糯，外脆里嫩，一口咬上去，鸡蛋柔滑的口感和浓郁的甜香弥漫开来，使人欲罢不能。可是，蛋糕虽然美味诱人，但是杭城与其类似口感的店面比比皆是，为什么只有“蛋糕哥”一炮走红了呢？

其实，“蛋糕哥”还有一段比较传奇的创业经历。他说：“我最先踩着小三轮在工商大学附近出没，之后到了计量学院，因为生意太好被城管抓起来了，再后来又辗转到了理工大学，生意依旧很好，再度被城管‘盯上’。”

他的生意之所以非常好，跟他自创的一套“叫卖销售法”有关。

他经常这样叫卖："来——小蛋糕、鸡蛋糕，纯手工打造，现场直播，闪亮登场，火爆进行中！""小蛋糕2.0，火爆升级啦！""小蛋糕3块3块，全场8.5折，标准跳楼价！"

他的特色叫卖声被杭电的同学写成了经典语录发到了网上，之后他又参与了传媒大学某同学的视频拍摄，就这样"蛋糕哥"一夜成名，每天他的生意也成倍地增长了。

于是，他又想到了限量发售的"噱头"。这样一来，喜欢猎奇的大学生更是蜂拥而至。他甚至被杭电的同学邀请去做演讲，各大媒体也开始争相报道。"这次事件对我的事业有很大的帮助，我的小蛋糕在下沙几乎无人不知无人不晓。""蛋糕哥"自豪地说。

刚开始对着镜头讲话的楼智杭还会略显羞涩，叫卖完会不好意思地挠挠头。时间一长，他变得更加从容了，又不是什么丢人的事。用夸张、幽默的叫卖声成功吸引人们的眼球后，楼智杭一不做二不休，打算将"雷人"进行到底。

如今在他店铺的墙上贴着一张漫画：楼智杭头戴绅士帽的画像，再配上"通缉令——杭电蛋糕哥，城管头号抓捕对象"。这张漫画令人忍俊不禁。在装小蛋糕的纸袋上还印着"好吃才是硬道理"、"再不买就涨价了"等雷人的标语。

"蛋糕哥"成"危铺"救星

网络走红自然是一个不错的平台，但这样的热度迟早会慢慢消退的，以后该怎么办呢？2010年元旦前后，楼智杭开通了微博，还申请了实名认证。他说："那时候人们刚从博客转向微博，很多人还不知道我开了微博，而且当时微博的影响力不大，我一有时间就在上面发布商品信息、征求粉丝的意见和建议，后来有很多顾客都是关注了我的微博才来的，这部分大概占了营业额的15%左右，没想到数量如此庞大，我觉得微博是一种很好的营销手段。"

因为没有资金扩大规模，"蛋糕哥"又想到了技术入股。他在下沙华元电影大世界附近找到了一家即将倒闭的DIY手工蛋糕店，他负责提供技术，赚得的利润与该店按比例分成。于是，借着"蛋糕哥"的名声和技术，这家手工蛋糕店得以起死回生。他说："这家店从原来每天八九百元的营业额，直线上升到四五千元。后来，一家美食广场的老板找到我，让我到传媒大学这边做，我就答应了。"

当时的美食广场二楼一共有12个店面，但只剩下3家店还开着，其他店都倒闭了。来救场的"蛋糕哥"带来了他的好伙伴——"计量炒饭哥"。

他说："我和'炒饭哥'到杭电做了一份问卷调查，跟同学们聊天，了解他们喜欢什么新产品、新口味，产品需要改进的地方，还有探讨定价的问题。没想到又被摄影师拍下来传到了人人网上，结果又'火'了一把。我在美食广场开店的消息不胫而走，而且带动了整个美食广场的生意，这里的租金从原来的4万元/年涨到了现在的6万元/年，以前没人租，现在想租店铺的人都在排队等。"

微信二维码，还有微电影……

楼智杭的想法还不只这些，他告诉记者，"一个煎饼阿姨的O2O启示"这样的事例，他也早就想过，而且已经开始通过QQ群和微信等手段进行营销了。

"蛋糕迷们，这是我的微信二维码，名字叫杭电蛋糕哥，有事没事我们都可以一起交流心得哦。"他开始自我营销起来。他说："我卖的不是销售量，而是生活态度。"

而最近，记者发现"蛋糕哥"的微博更新越来越快了。据他透露，目前已经有财经大学的学生团队在帮他打理微博，他自己也经常在微博上跟大家互动，发布一些产品信息，听取粉丝们的意见和建议。

楼智杭说："我不会一味地只做小蛋糕，除了现在的馄饨、肉夹馍之外，到时候还会推出各式新品。"

如今，越来越多的大学生想加盟他的小蛋糕店。楼智杭表示热烈欢迎这些有志的年轻人，"我本身只有小学文化，当然会优先考虑让想创业的大学生加盟，这样可以弥补我在学历上的不足。"此外，他还计划拍微电影、制作二维码，将所有能运用的网络营销手段都用在自己的生意上。

实体店的微信营销路

微信不仅成为企业营销的一种重要手段，而且成为很多终端实体店营销的重要手段，甚至成为实体店进行弯道超车的一个绝佳机会，那么实体店如何做好微信营销呢？

如果传统实体店跟不上时代前进的脚步，那么生意被赶超一定是早晚的事情。如果实体店能把微信玩好，再结合自身的优势资源，实现快速增粉增加销量是非常容易的事。

微信营销是伴随着微信的火爆而兴起的一种网络营销方式。微信不受距离的限制，用户注册微信后，可与周围同样注册的“朋友”形成一种联系，用户订阅自己需要的各种信息，商家通过给用户提供需要的信息来推广自己的商品，从而实现一种点对点的营销。目前，微信开放平台能够提供基本的会话功能，使品牌与用户可以进行交互的沟通，大大提高了顾客的忠诚度。

品牌点击“查看附近的人”后，可以根据自己的地理位置查找到周围的微信用户，然后根据地理位置将相应的促销信息推送给附近的用户，进行精准投放。微信官方可以对漂流瓶的参数进行更改，使合作商家推广的活动在某一时间段内抛出的漂流瓶数量大增，这样使普通用户“捞”到漂流瓶的机会大大增加，加上漂流瓶模式本身可以发送不同的文字内容，甚至语音小游戏等。在活动期间，微信用户使用漂流瓶功能捡到品牌商家的漂流瓶，回复之后就能享受品牌商家的某些打折商品。

实体店微信的天然优势

中国南方航空公司总信息师胡臣杰曾说：“对今天的南航而言，微信的重要程度，等同于15年前南航做网站！”正是由于对微信的重视，如今微信已经与网站、短信、手机App、呼叫中心，一并成为南航的五大服务平台。

实体店铺在利用微信方面具有一些天然优势：

1. 宣传优势

传统实体店铺在微信上进行文案宣传时，要充分利用实体的宣传资源。微信不同于传统的电商，微信的宣传文案只需要一张有图文信息的图片即可，平时的推送利用产品官网新品或活动文案，稍加修改就可使用，可以节省文案的写作成本。

2. 流量优势

实体店铺的人流就是微信账户天然的流量入口。实体店铺要充分利用线下的多家实体门店资源，结合扫码关注送优惠或者小礼品等活动，吸引实体店顾客关注店铺的微信账号，这样不但能吸引老顾客的关注，而且能发展新会员。

3. 员工优势

实体店铺的员工往往比较多，要充分利用这个电商时代的弱势，动员全体员工参与微信推广，最好能组织所有员工学习微信公众账号的基础知识，做到能熟练使用微信解答粉丝们的疑问，并能利用微信为日常工作提供服务，为以后全员的微信营销奠定坚实的基础。

实体店微信营销模式

美食的诱惑无论是谁都无法抵挡的。如果你是一家餐厅的老板，那么把微信运用到餐厅的管理上势必会收到事半功倍的效果。餐饮实体店可以采取的微信营销模式都有哪些呢？

“酒香不怕巷子深”的年代早已过去了。如今无论是多知名的餐饮企业，都会采用现代媒介与时俱进地推动美食文化。这里向广大创业者推荐几种有效的微信营销模式：

1. 信息推送模式

餐厅首先要申请微信认证账号，提高账号的权威性和可信度，然后在个性签名中输入餐厅的相关信息、打折优惠或者能吸引用户点击进入餐厅微信主页的精要语言等，比如：菜系、特色菜、优惠券等信息。在用户查看“附近的人”时第一时间吸引他们的注意，从而实现精准的投放。

2. 餐厅许可式的主动推送信息模式

餐厅在自己的公众账号上推送餐厅的动态、美食、服务信息或打折优惠信息，就像餐厅的海报一样，通过微信与用户沟通交流最新资讯，方便快捷、节省成本。因为餐厅是高接触度和高体验度的行业，如果能花时间跟粉丝聊天，拉近餐厅与用户的心理距离，当然会收到更好的效果。

3. 美食微信分享模式

分享与链接是互联网传媒的重要通路，更是人之本性使然。应用开发者可通过微信开放接口接入第三方应用，可将餐厅的 logo（徽标或者商标的英文说法，用于标识身份的小型视觉设计，多为各种组织和商业机构使用）放入微信的附件栏中，使微信用户能方便地调用第三方应用进行内容选择与分享，利用微信与朋友分享吃到的美食、餐厅优惠等。

4. 分享和朋友之间的推荐的营销模式

随着社交媒体、SNS（全称 Social Network Site，即社交网站或社交网）社区和 O2O 的出现，以“粉丝”、“会员”、“达人”分享和朋友之间的推荐的营销模式逐渐形成。由于餐厅受地理位置的限制，餐厅的地域性就形成了，所以餐厅更适合微信、微博等社会化的营销模式。

5. 餐厅微信摇一摇活动模式

餐厅通过微信“摇一摇”，与顾客约定在不同的时段开始摇手机，只要顾客被餐厅的微信摇到并添加餐厅的微信关注，就可以得到奖品或者优惠。奖项设置更能调动顾客参与的热情和积极性。

6. 微信漂流瓶营销模式

娱乐餐饮是未来餐厅发展的一种趋势。利用微信漂流瓶可以发送不同的文字内容，甚至是语音、小游戏等，使顾客在还没有进入餐厅之前就能体验到餐厅带来的乐趣，并能通过网络或微信方式联系对接到目标顾客，将关键字做成宣传语，实现餐厅对消费者的消费引导。

7. 餐厅微信营销矩阵模式

微信营销矩阵模式其实就是：一、以客户为中心；二、是一种立体营销。餐厅可以根据自己的特色、价位、地点、品牌等诸多因素设计公众账号。在微信公众账号输入“餐饮信息”后，会出现餐厅圈子、微刊等相应产品的微信账号，用户可以根据自己的需要选择。

8. 餐厅微信 O2O 模式

这种模式就是线上线下整合营销。微信的成功在于能够非常细致地把握住现代消费人群的心理。消费者是生活在现实世界的互联网使用者，“现实世界”和“虚拟世界”两个元素将他们一网打尽。餐厅通过微信平台与顾客在线上交流，同时这些意见在线下的实体店消费中会得到体现。

9．餐厅微信—微博—SNS社区互动营销

营销手段变得越来越多元化，微博、微信、SNS社区、传统媒体等都是商家营销的主战场。营销手段和渠道的整合是未来营销的大趋势。餐厅（特别是连锁性质的餐饮）用好微博、微信、SNS社区这三种营销渠道，相互结合、互动，移动端和PC端进行良性结合，不仅可以提升顾客的体验，还可以增加自己品牌的知名度和美誉度。

顾客满意是餐饮赖以生存的基础，营销管理者要清楚顾客的满意情况，测算顾客的满意率，同时要将本餐厅的顾客满意率与竞争对手进行比较。只有保持较高的顾客满意率，餐饮才能获得更高的收益，才能保持长期发展的后劲。微信的出现更好地实现了精准营销，实现餐厅对顾客的一对一服务。实现微信O2O使更多的用户从消费者变成回头客，从回头客变成常来客，从常来客变成忠诚的粉丝。忠诚的粉丝通过自身的实际体验，向朋友推荐好的品牌，实现口碑营销。

上面介绍的几种微信营销模式你的实体店不一定都能运用得好，但只要善于将其中的两个结合起来，就能收到更好的营销效果。实体店的老板们，赶紧玩微信吧！再不好好“玩”，你们就落伍了！

给运营微信的人的忠告

微信的力量是不容忽视的，运营一个成功的网站也并非易事。虽然大家都喜欢用微信来做营销，但是不一定都能运营得好，因此我们要不断地总结、取经。目前，我们发现了一些比较不错的运营微信的经验，愿与大家一起分享。

1. 简单就是力量，不要把自己的微信公众账号变成万能的功能应用。你可以免费听音乐、机器陪聊，这些功能只会淡化企业的核心价值，请删掉这些功能。

2. 关注竞争对手的微信。如果你关注了 50 个微信账号，就有 50 个人教你怎样做好微信营销，你要做的就是优化他们所有的方法。请记住，竞争对手是你最好的老师。

3. 微信运营的目的是维护与顾客的关系。99% 的时间都用来培养顾客的信任度，请暂时忘记销售；天天促销，不如用 29 天来培养顾客，用 1 天的时间来促销更有效果，请暂时忘记销售。

4. 不要忙于每天都推送大量的内容。给潜在的顾客创造可以与商家沟通的话题。你要知道所有的价值都来自于沟通，推送再好的内容不如跟顾客沟通一次。

5. 我们尊重顾客，但是千万不要讨好顾客。取消关注的迟早会取消关注，只要你一直提供价值，留下的总会留下来。

6. 希望与顾客创造更多沟通的机会，就要问顾客更多的问题。问一问顾客喜欢什么时间接收哪些内容，对自己的公众账号提出一些宝贵的意见等等。

7. 认真分析自己的行业是否需要用微信公众平台。其实，很多中小企业和个体老板只要利用微信朋友圈就可以做生意了，比如理发店、美容店、餐饮店、快餐店等等。

8. 不要被那些 3 个月获得 100 万粉丝的案例冲昏头脑。粉丝再多，如果不能转化成价值，根本没有任何意义。我们需要的粉丝是那些目标粉丝，粉丝的质量比粉丝的数量更重要。

9. 微信营销没有任何营销秘诀，比的就是投资和执行力。妄想不投入就能获得大量粉丝是不可能的事情。不要只看到 3 个月获得 100 万粉丝的案例，先问一问他们投入多少资金和人力。

10. 发布文章不一定要长篇大论，可是一定要引导顾客进行思考，内容一般在 300~500 字左右即可。

11. 新手开始学习玩微信，要从关注优质的微信开始学起，记住那些优秀玩家的方法，每天都拿笔记下来，与自己对比一下哪些方面可以做得更好，有利于自己以后运营微信公众账号。

12. 怎样创作内容？内容一定要原创吗？不一定。如果你不想打造行业第一的领袖地位，内容就不一定需要原创了。但是你一定要做的一件事情，就是阐述自己的观点！

13. 如果你不想投入太多的资金，就要选择投入时间，再加上比较到位的执行力，才能达到你最终的目的。

微信运营也不是一蹴而就的事，在你懂得如何成功运营的过程中会遇到很多难以想象的困难，但不要害怕，退缩就没有成功的可能了。希望创业者们都能在不断的失败中总结自己的经验越做越好。

为微信防骗支招

2014年的3.15晚会上，互联网诈骗再次成为全国人民关注的焦点。这实在不是一件新鲜事儿了。以前，大家一定知道不少应对互联网诈骗的方法，而且微信也一直通过升级安全机制、打击不法营销行为等实际行动，为用户们提供一个绿色、健康的沟通环境。

现在，我们就来盘点一下几种较流行的微信营销骗术，为做微信营销的朋友们支上几招！

骗术1：用网络兼职作幌子

此类骗局兼职会用网店开张、需要刷信誉作诱饵，招聘网络兼职人员。骗子一般会说，帮他的网店买一批点卡，然后给出5分好评，说得清楚一些就是帮着刷信用，接着把点卡的卡号、密码发给他，后面私下再给你退钱。实际上，当你把卡号、密码发给他之后，就没有下文了……

防骗招数：

在涉及个人账号信息和财产信息的时候，大家一定要反复确认，切勿轻易向他人透露自己的账号、密码等重要信息。如果大家发现有公众账号存在诱导分享行为，可通过微信的举报功能进行揭发，核实后微信方面将视其违规程度进行相应的处理。

骗术2：天上永远都不会掉馅饼

"我现在在XX市的XX集团工作，待遇很高，你要不要也来看看……"突然有一天，很久不联系的好友突然加你为好友，或者给你打电话用非常优越的条件吸引你去找他。

防骗招数：

如果你真的遇到这种"天上掉馅饼"的情况，那你可要当心了，或许对方已经落入了传销组织的陷阱。大家一定要擦亮双眼，小心求证。在遇到可疑的诈骗行为时，要第一时间通过举报通道进行揭发，或向警方报案，使骗子们无处可逃。

骗术 3：利用你的同情心

在平时的微博、论坛、空间甚至朋友圈里，大家经常能看到这样的"求助帖"——"3 岁多小女孩在长春市 XX 超市附近被人拐走，小女孩能准确说出她爸爸的手机号码，从监控中看是被一个 40 多岁的男人抱走的。现在大人都急疯了，有知情者请告之，万分感谢！联系人：郑春蓉 1396959XXXX。"你是否会想也不想就点一下转发了呢？

如果大家上网搜索一下，就会发现这个"可怜的小女孩"每天都在武汉、黑龙江、北京、上海各大城市被拐卖，而这个署名"郑春蓉"的号码则是不折不扣的吸费电话。这也是典型的利用人们的同情心进行传谣，继而达到非法敛财目的的骗术。

骗术 4：微信认证，水货难逃

"正品 LV，限量销售，3 折，给爱美的你，高端大气上档次……"相信你在朋友圈、QQ 群里一定看到过太多这样诱人的营销广告，该如何分辨这些广告中的商品是不是假冒伪劣呢？

防骗招数：

对于这种情况，用户只要认准微信认证信息，就不会上骗子的当了。目前，微信支付接口只对认证服务号开放，因此，如果是在公众账号内交易，首先在服务号的详细资料中认准“微信认证”；其次，交易时要认准各个环节的“微信安全支付”字样。

此外，如果发现有销售假冒伪劣商品等违法行为，还可立即通过微信的举报功能进行检举。微信将会对此类账号进行严格处理，情节严重的账号甚至会被永久封号。

骗术5：看清“好友”的真面目

在网络聊天的过程中，如果有好友以“我刚错删你了，重新加下我”，“我的账号密码丢了，再重新加我一下”等理由要求重新加为好友，那么你如何判断他说的话是真是假呢？

防骗招数：

1. 我们可以通过之前的好友账号进行核实，看看究竟是不是同一个人，然后再与好友本人通过电话进一步证实。

2. 最好的方法是对通讯录里的好友进行备注。

3. 如果不想被陌生人加为好友，可以关闭“可通过QQ号找到我”、“可通过手机号搜索到我”等按钮，这样就可以避免不必要的骚扰了。同时，在使用了微信的LBS功能后，你可以通过“清除位置信息并退出”清除自己当前的地理位置信息。

骗术6：假借公益之名

2014年，央视3.15晚会曝光了诈骗者利用好友关系链，进行“杀熟”式诈骗。诈骗者在微信朋友圈里发起了领养流浪狗的活动，骗取爱心人士的信任后，利用同情心要求对方付费。

防骗招数：

虽然参与公益慈善多一份爱心，就能让狗狗多一个温暖的家，但遇到这种情况还是要谨慎处理，不要让骗子钻了空子。

微信官方提醒，如果您在微信朋友圈收到类似公益捐款等信息，请多花几分钟验证一下信息的真实性再进行转发。如果发现确实属于诈骗行为，你可以在第一时间向公安机关报案，并通过微信朋友圈的举报功能进行投诉。一旦核实是不法分子的诈骗行为，我们可立即通过公安机关进行处理。同时提醒广大用户，不要轻易向他人透露自己的账号、密码等信息。如果涉及财产交易等重要信息，必须要电话或者当面核实对方的真实身份后再进行汇款，注意保护个人信息和财产安全。